Cornelsen

Jo-Jo

Mathematik 1

Herausgegeben von
Joachim Becherer
Dr. Andrea Schulz

Erarbeitet von
Joachim Becherer
Martin Gmeiner
Mechthild Schmitz
Dr. Andrea Schulz
Franziska Stolze
Heike Wadehn

Fachliche Beratung:
Prof. Dr. Silvia Wessolowski

Inhaltsverzeichnis

	Seite
Der Zahlenraum bis 10	
Erzählen und zählen	4/5
Bauen und zählen	6
Legen und zählen	7
Lagebeziehungen	8/9
Anzahlen darstellen	10/11
Die Zahlen 1 bis 10	12/13
Fünf und mehr	14
Die Zahl 10 – Zahlzerlegungen	15
Zahlzerlegungen	16/17
Zahlzerlegungen am Zwanzigerfeld	18
Zahlentürme	19
Zahlenreihe	20
Vorgänger und Nachfolger	21
Zahlen vergleichen	22
Zahlen ordnen	23
Ordnungszahlen	24
Wiederholung	25
Zahlen über 10 hinaus	
Zählen bis 20	26
Die Zahlenreihe	27
Rechnen im Zahlenraum bis 10	
Verdoppeln und halbieren mit dem Spiegel	28/29
Einführung der Addition	30/31
Addieren mit dem Zwanzigerfeld	32
Tauschaufgaben	33
Zahlenmauern	34
Übungen zur Addition	35
Einführung der Subtraktion	36/37
Subtrahieren mit dem Zwanzigerfeld	38
Übungen zur Subtraktion	39
Umkehraufgaben	40
Verdoppeln und halbieren	41
Ergänzen	42
Übungen zur Addition und Subtraktion	43
Legen und rechnen mit Geld	44/45
Rechengeschichten	46
Wiederholung	47
Körper	
Würfel, Quader, Zylinder und Kugel	48/49
Körper erkennen	50
Vom Körper zur Fläche	51
Wiederholung	52
Projekt: Geo-City	53
Der Zahlenraum bis 20	
Die Zahlen 11 bis 20	54/55
Zehner und Einer	56/57
Das Zwanzigerfeld	58
Die Zwanzigertafel	59
Vom Zwanzigerfeld zum Zahlenstrahl	60/61
Zahlen vergleichen und ordnen	62
Ordnungszahlen	63
Wiederholung	64
Projekt: Daten erheben	65

	Seite
Addieren im Zahlenraum bis 20	66/67
Tauschaufgaben	68
Rechnen mit Tabellen	69
Subtrahieren im Zahlenraum bis 20	70/71
Legen und rechnen mit Geld	72/73
Sachrechnen mit Geld	74/75
Wiederholung	76
Projekt: Mit dem Würfel spielen	77
Figuren auslegen	78/79
Quadrat, Rechteck, Dreieck, Kreis	80/81
Muster und Formen	82/83
Wiederholung	84
Projekt: Falten und gestalten	85
Stationen: Vorbereitung Zehnerübergang	86/87
Addieren mit Zehnerübergang	88/89
Übungen zur Addition	90/91
Subtrahieren mit Zehnerübergang	92/93
Übungen zur Subtraktion	94/95
Gerade und ungerade Zahlen	96
Aufgabenfamilien	97
Übungen zur Addition und Subtraktion	98
Rechendreiecke	99
Rechnen mit 3 und mehr Zahlen	100/101
Zahlenmauern	102
Sachrechnen mit Geld	103
Rechengeschichten	104/105
Wiederholung	106
Knobelseite: Logeleien	107
Erfahrungen mit dem Spiegel	108/109
Bild und Spiegelbild	110/111
Wiederholung	112
Projekt: Schmetterlinge	113
Übungen zur Addition und Subtraktion (I)	114/115
Übungen zur Addition und Subtraktion (II)	116/117
Zahlenmauern	118
Ungleichungen	119
Sachrechnen und Kombinatorik	120/121
Wiederholung	122
Knobelseite: Magische Dreiecke	123
Tagesablauf und Uhrzeiten	124/125
Wochentage	126
Jahreszeiten und Monate	127
Projekt: Daten erheben und darstellen	128/129
Zehnerzahlen in der Umwelt	130
Zehnerzahlen erkennen, vergleichen und ordnen	131
Rechnen mit Zehnerzahlen	132
Die Zahlen bis 100	133
Merkwissen/Wortspeicher	134–136

Rechnen im Zahlenraum bis 20 (I)

Ebene Figuren

Rechnen im Zahlenraum bis 20 (II)

Symmetrie

Rechnen im Zahlenraum bis 20 (III)

Zeit und Kalender

Der Zahlenraum bis 100

Glossar

3

Der Zahlenraum bis 10

Erzählen und zählen

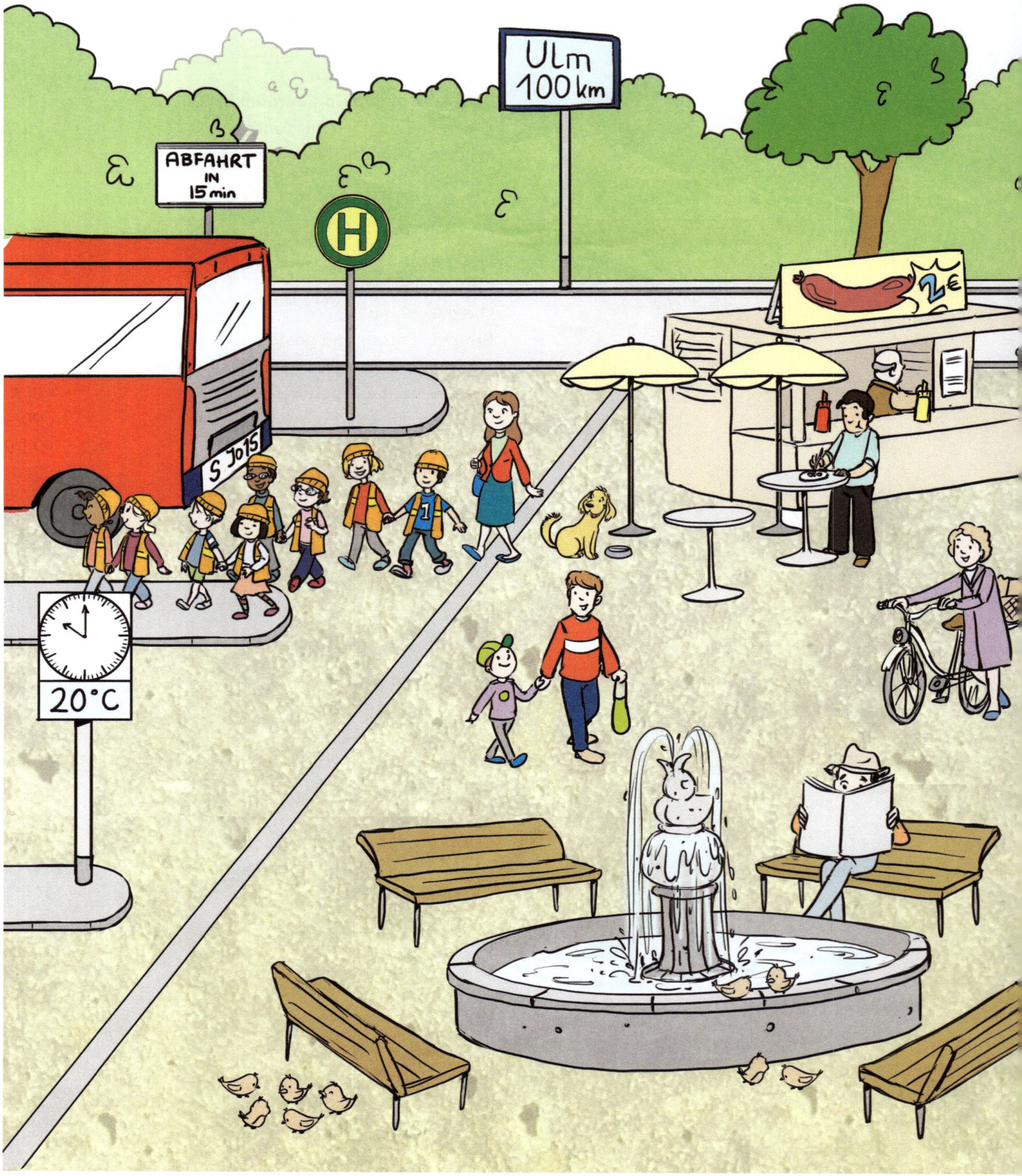

1	2	3	4	5

Erzählen, zählen und Zahlen lesen; dabei Lagebeziehungen thematisieren: vor, hinter, vorn, hinten, oben, unten, über, unter, links, rechts im Bild; Kenntnisse über Zahlen ermitteln: Zahlen als Anzahlen, als Größen, als Nummern (Zahlaspekte)

Anzahlen von Dingen und Personen im Bild durch Zählen bestimmen; Leerfelder am Rand können für Strichlisten oder Punkte verwendet werden, um das Zählen zu erleichtern; eigene Bilder mit Zahlen und Anzahlen gestalten

Arbeitsheft S. 3, 9

| 6 | 7 | 8 | 9 | 10 |

Bauen und zählen

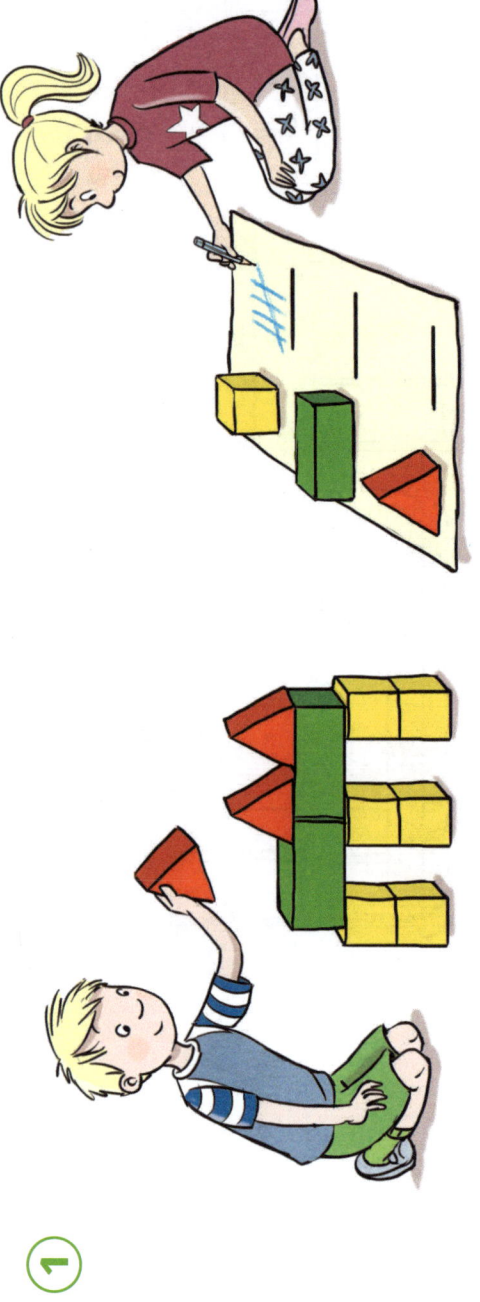

①

②

③

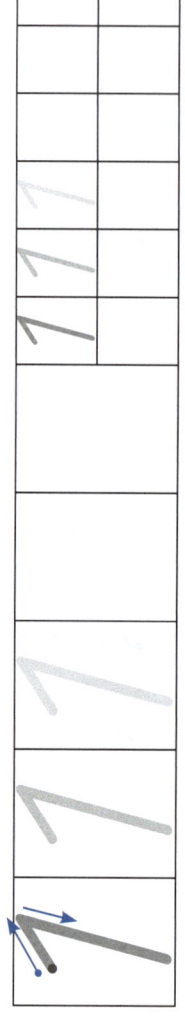

6

Mit Bauklötzen bauen, Formen und Farben unterscheiden und zählen; Strichlisten erstellen; Fünferbündelung bei Strichlisten thematisieren

Legen und zählen

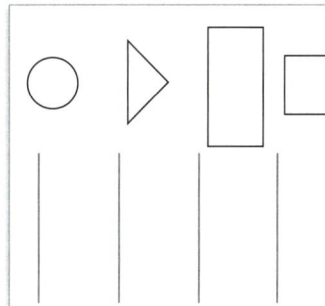

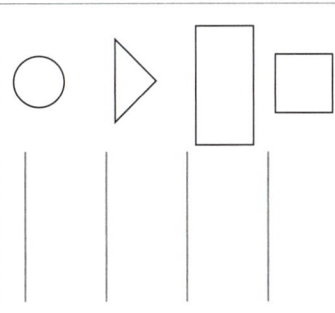

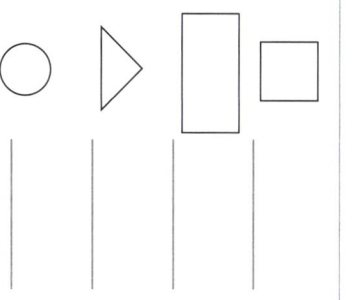

Figuren mit Formenplättchen (Beilage) nachlegen; Formen und Farben unterscheiden und zählen; Strichlisten erstellen; Fünferbündelung bei Strichlisten thematisieren; weitere eigene Figuren erfinden

Arbeitsheft S. 10

7

Lagebeziehungen

1

[Notenzeile mit Text:]

1. Beim Tur-nen, beim Tur-nen, da ma-chen al-le Kin-der mit,
wir schüt-teln un-sern rech-ten Arm zu un-serm Warm-up - Klas-sen-hit.

Refrain:
Nach vor-ne, nach hin-ten, nach links und nach rechts,
nach o-ben, nach un-ten, nach links und nach rechts.

2. linken Arm
3. rechte Hand
4. linke Hand
5. rechtes Bein
6. linkes Bein
7. rechten Fuß
8. linken Fuß

2

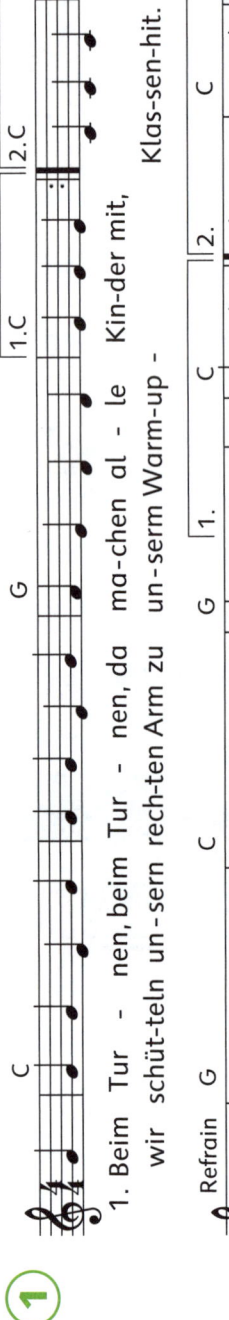

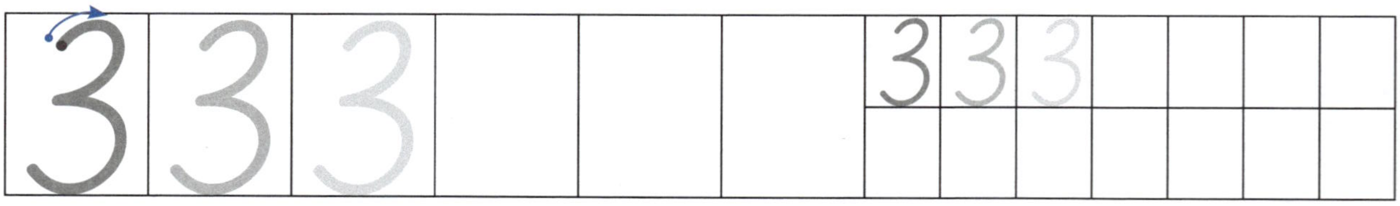

13+

8

1 Eigene rechte Hand zum Orientieren mit Bändchen markieren (eigenes Körperschema)
2 Lagebeziehungen (oben, unten, über, unter, vor, hinter, vorn, hinten, rechts, links, ...)
aus eigener Sicht und aus Sicht des Lehrers (fremdes Körperschema) beschreiben

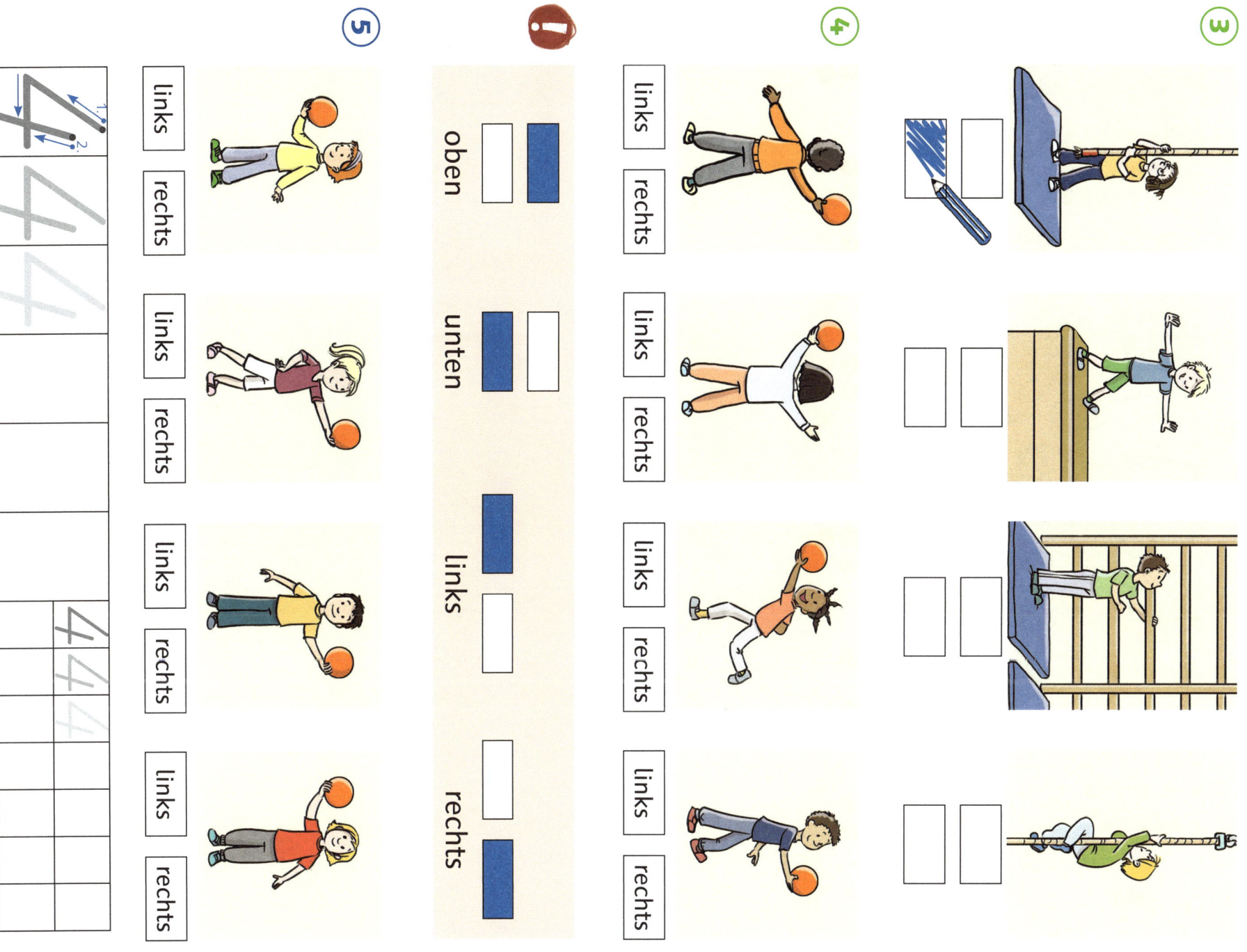

Anzahlen darstellen

1

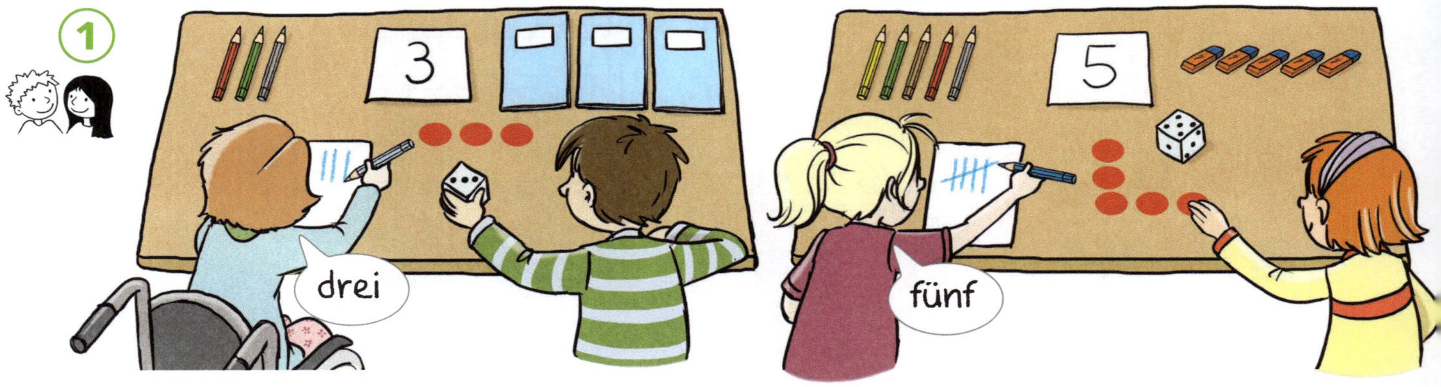

2

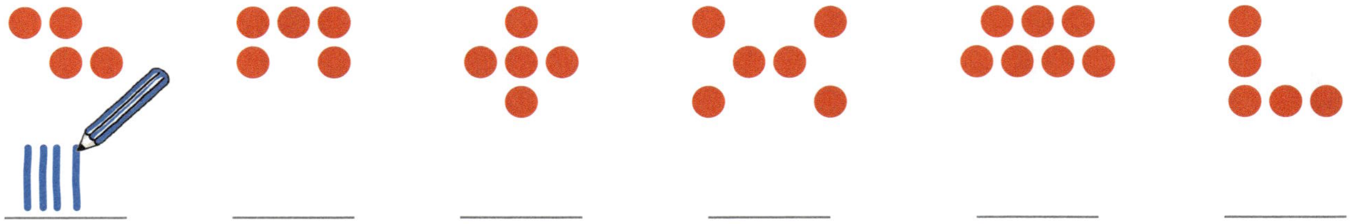

3

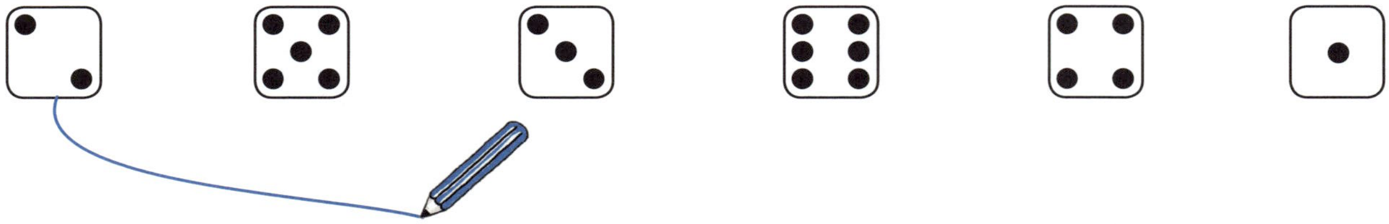

5 3 2 1 6 4

4

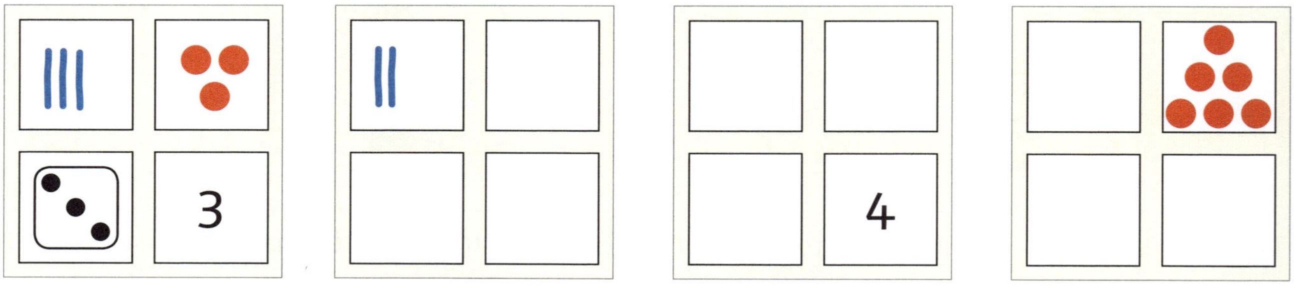

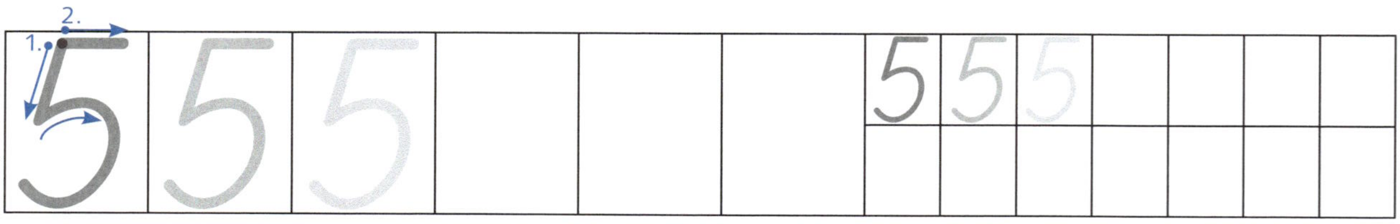

1 Partnerarbeit und Symbol einführen; weitere Zahlentische aufbauen: (An-)Zahlen mit Gegenständen, Plättchen, Würfelbildern, Strichlisten darstellen
4 Fehlende Darstellung (Strichliste, Punktmuster, Würfelbild, Ziffer) ergänzen

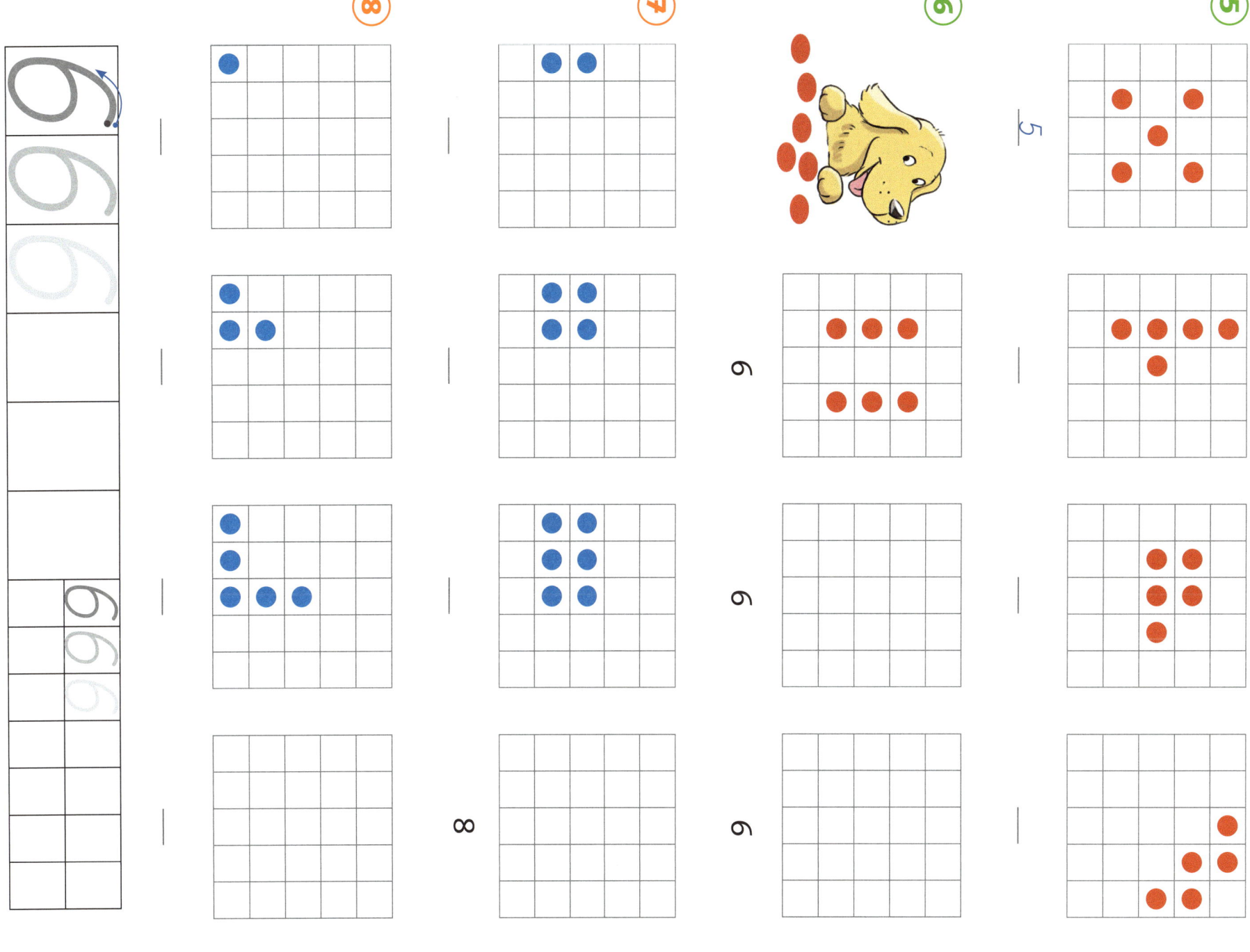

Die Zahlen 1 bis 10

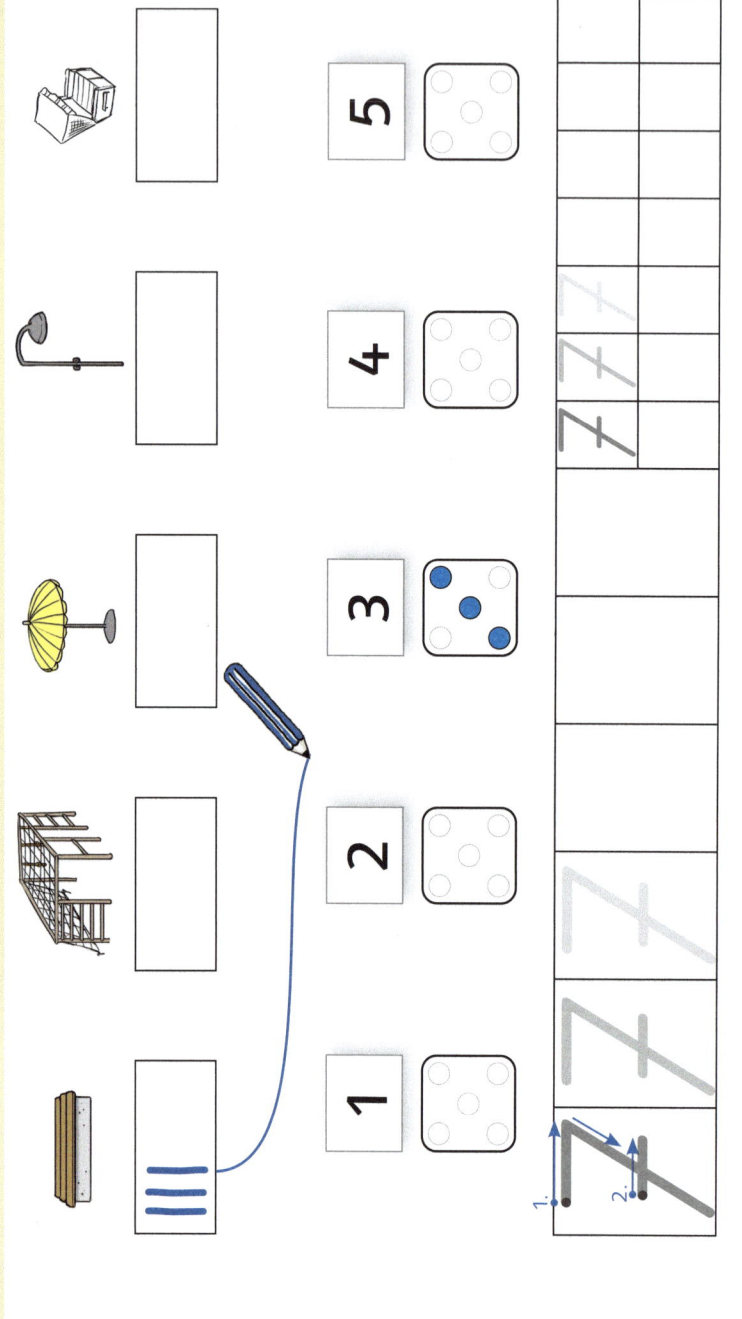

| 1 | 2 | 3 | 4 | 5 |

Über das Bild sprechen, dabei Lagebeziehungen thematisieren: vorn, hinten, vor, hinter, über, unter, oben, unten, rechts, links, drinnen, draußen

12

Anzahl von Personen und Gegenständen bestimmen und mit Strichlisten darstellen; Piktogramme den Zahlen zuordnen; die Zahlen von 1 bis 10 mit Würfelbildern darstellen; „Kraft der Fünf" thematisieren; eigene Bilder mit Anzahlen gestalten

Fünf und mehr

①  *Wie viele?* *So sehe ich es gut.*

② Wie viele?

③

④

1 Erarbeiten, dass eine strukturierte Anordnung das Erfassen von Anzahlen erleichtert
2 „Kraft der 5" nutzen, um Anzahlen zu bestimmen; 3 und 4 Partnerübung zum schnellen Sehen und Zeigen von Anzahlen; Rollen wechseln

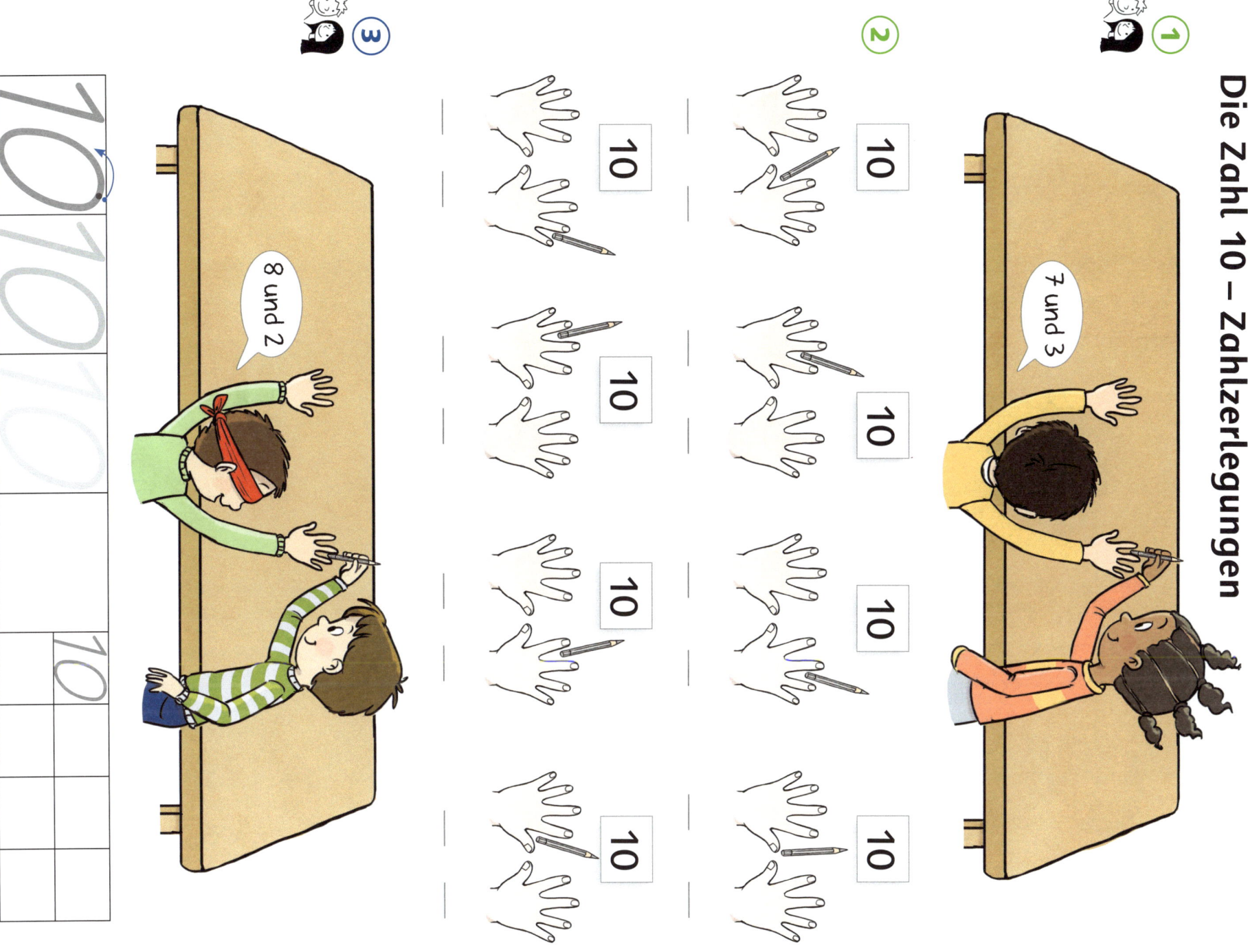

Zahlzerlegungen

1

2
| 7 | 7 | 7 | 7 |

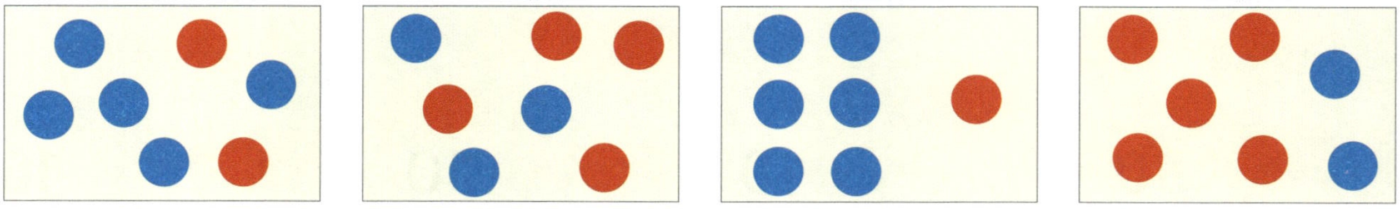

3 ✏️
4 + ___   3 + ___   ___ + 5   ___ + 2 

4 ✏️
___ + ___   ___ + ___   ___ + ___   ___ + ___

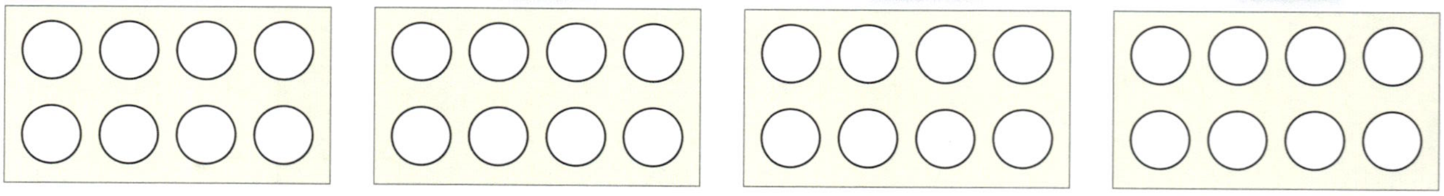

1 Zahlzerlegung durch Werfen von Plättchen selbst durchführen
2 Zahlzerlegungen sehen und notieren 3 Zahlzerlegungen durch Anmalen dokumentieren
4 Vorteil einer systematischen Anordnung erarbeiten

16

⑤
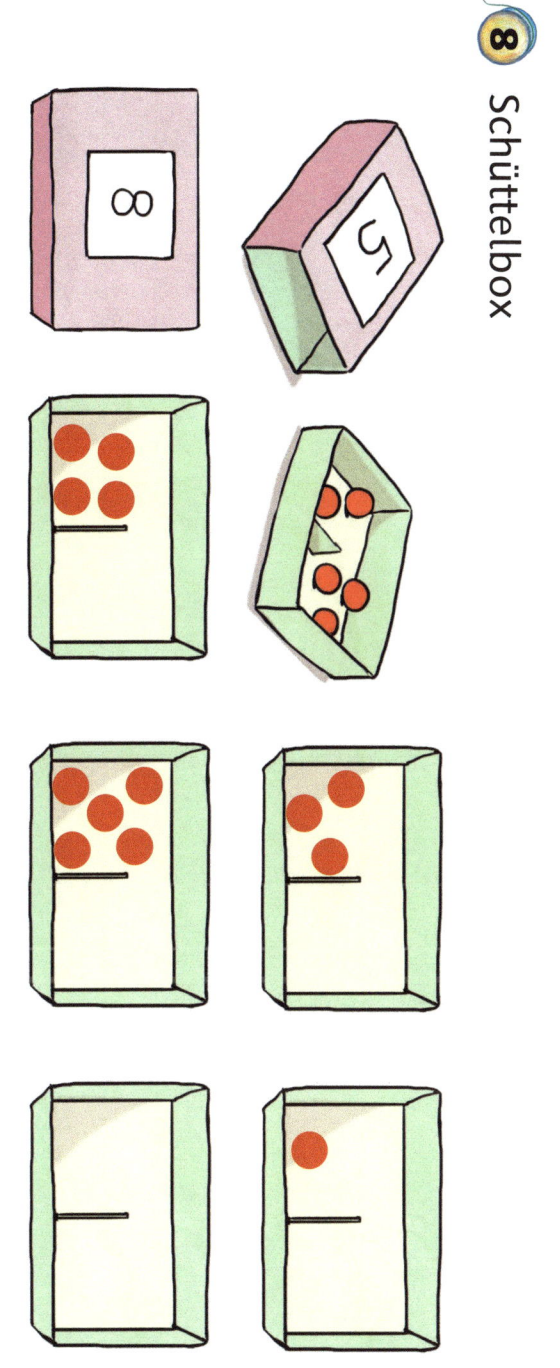

3 + __ = 5

4 + __

__ + 3

__ + 4

⑥
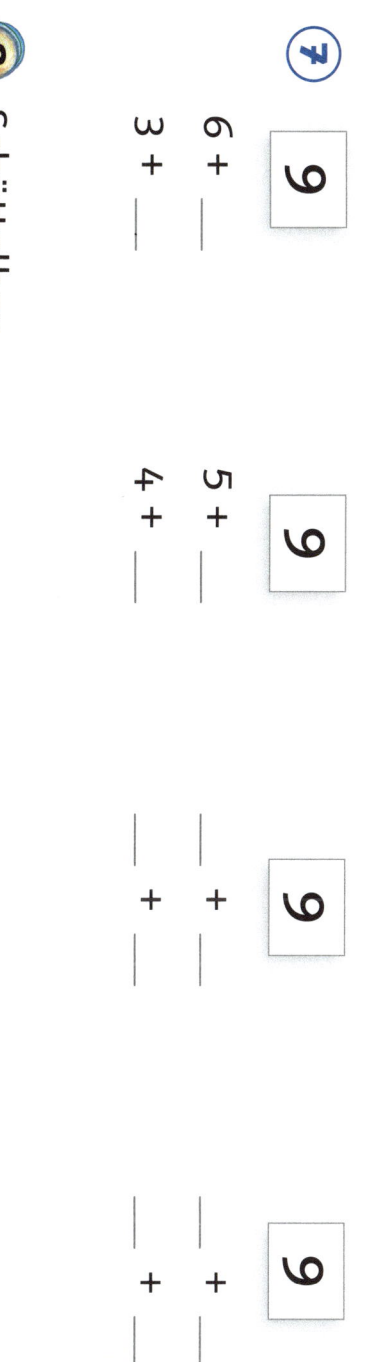

4 + __

3 + __

__ + __

__ + __

⑦

9 : 6 + __ ; 3 + __

9 : __ + __ ; 5 + __ ; 4 + __

9 : __ + __ ; __ + __

9 : __ + __ ; __ + __

⑧ Schüttelbox
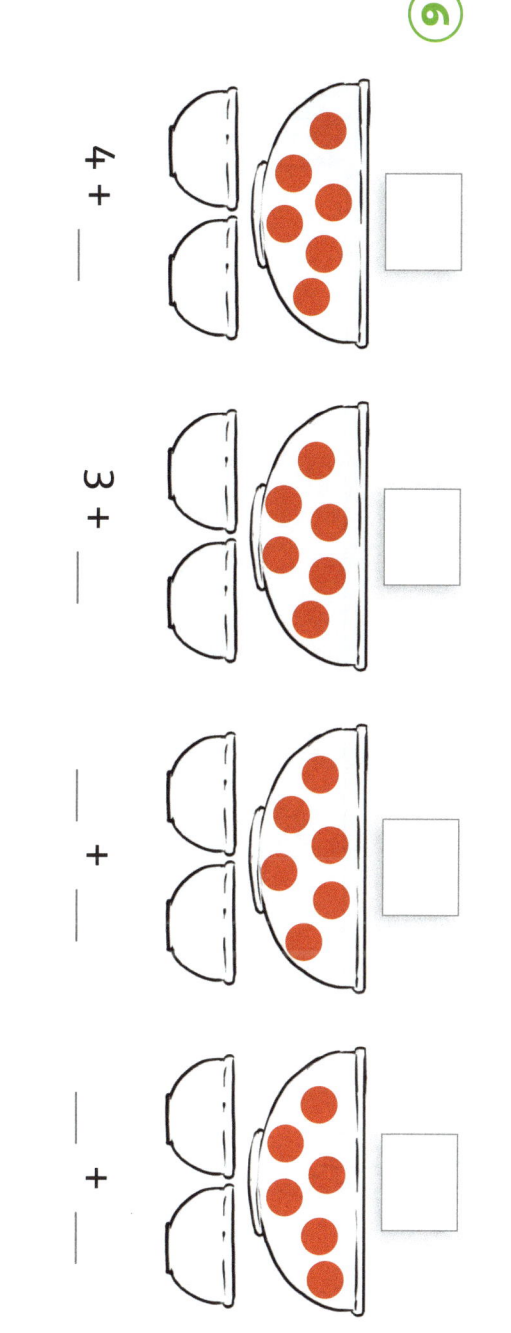
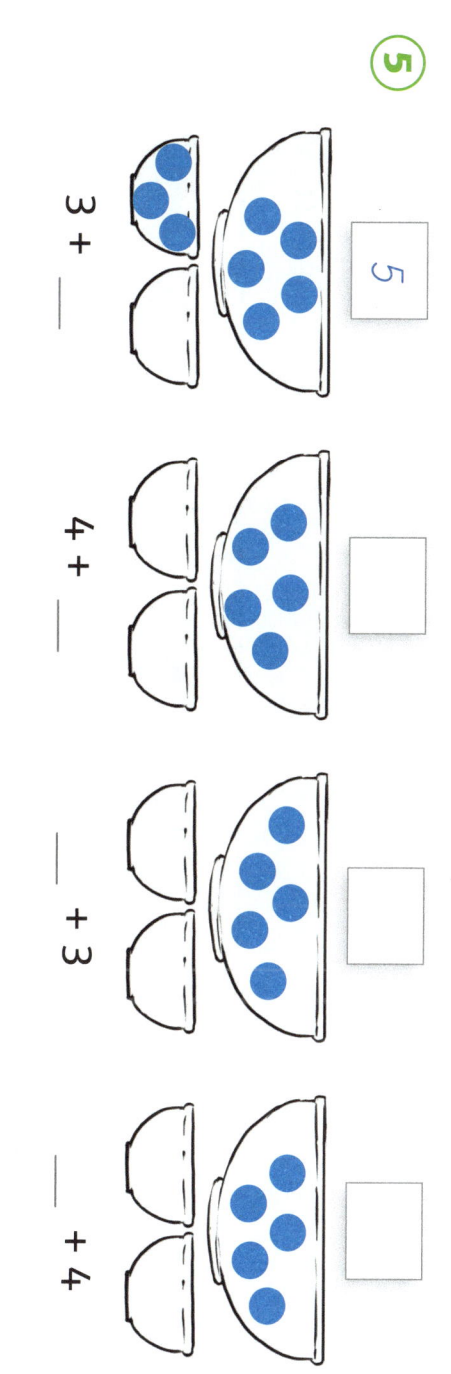

5 und 6 Anzahl bestimmen, verschiedene Zerlegungen von Zahlen malen und notieren
8 Schüttelbox: Nachbauen; Funktionsweise besprechen; mit vorhandenen Schüttelboxen Zerlegungen üben

Arbeitsheft S. 16   17

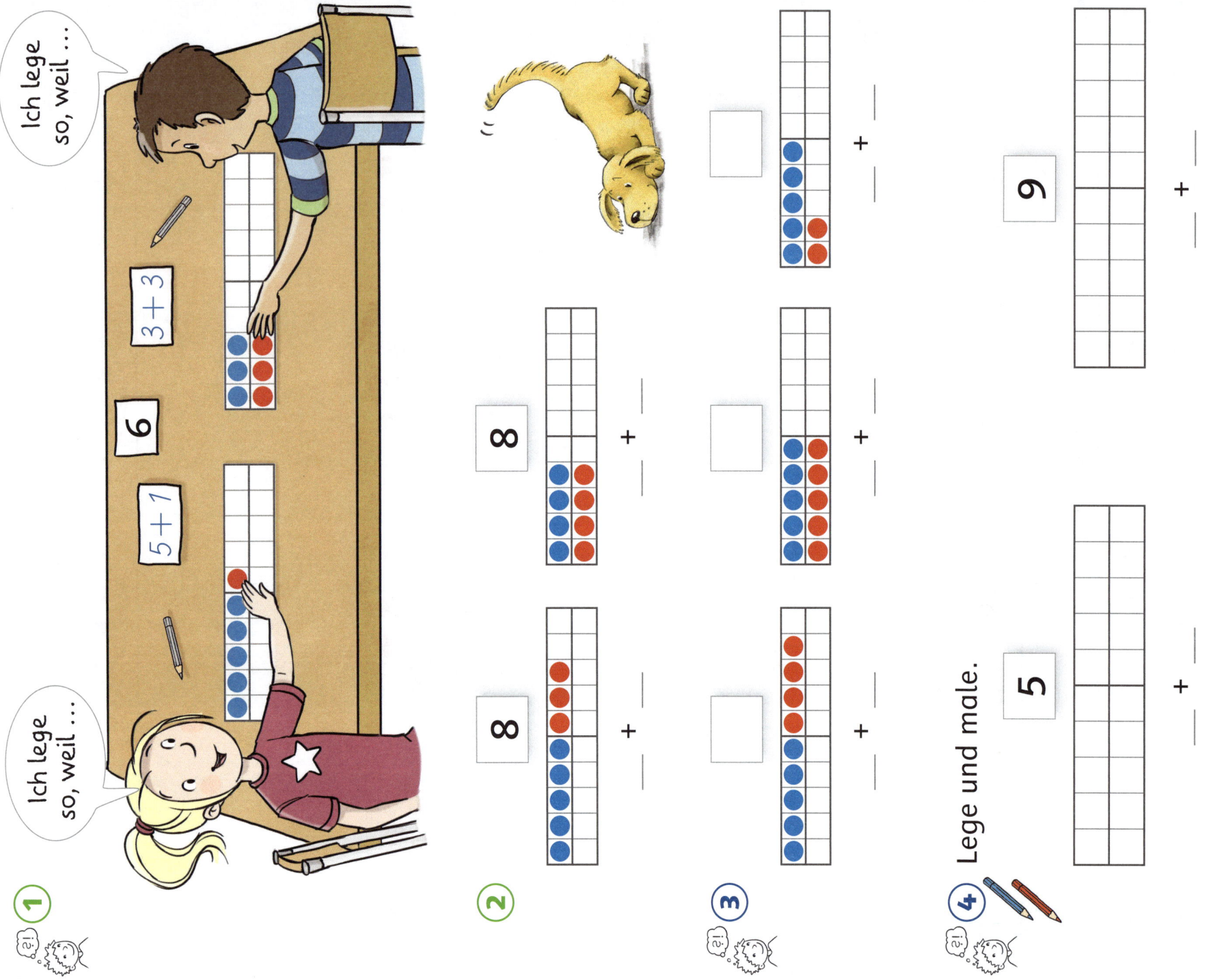

Zahlentürme

1) Zahlenturm 4

2 + 2
1 + 3   4 + 0
0 + 4
3 + 1

Zahlenturm 4

2 + 2
3 + 1
4 + 0   1 + 3
0 + 4

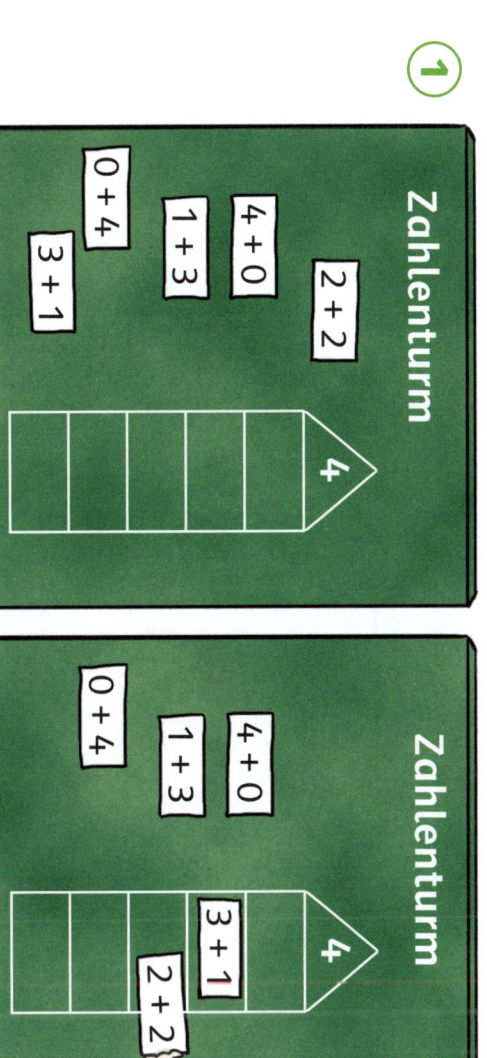

2) 5

5 + 0
4 + 1
3 + ___
___ + ___
___ + ___

~~5 + 0~~
2 + 3
1 + 4
0 + 5
3 + 2
~~4 + 1~~

6

0 + 6
3 + 3
2 + 4
4 + 2
5 + 1
1 + 5
6 + 0

___ + ___
___ + ___
___ + ___
___ + ___
___ + ___
___ + ___
___ + ___

3) 7

7 + 0
6 + 2
4 + ___
2 + 6
0 + 7

8

5 + ___
4 + 4
___ + 5
___ + ___
___ + ___
___ + ___

9

9 + 1
7 + 3
3 + 7
1 + 9

10

Zahlenreihe

1

2 | 0 | 1 | 2 | 3 | | | | | | 10 |

3 | 3 | 4 | | | | | | | 9 | |
| 1 | 2 | | | 4 | 5 | | 7 | | |
| 6 | | 8 | | | | | 7 | 8 | |

4 | 10 | 9 | | | 6 | | | 2 | | |

5 | 5 | 4 | | | | 4 | | | | 6 |
| 7 | 6 | | | | 7 | 6 | | | |
| 9 | 8 | | | | | | 8 | | 6 |

1 Mit Zahlenkarten (Beilage) die Zahlenreihe von 0 bis 10 erstellen; Null thematisieren
2 bis 5 Zahlenreihe und Ausschnitte (aufsteigend und absteigend) mit Zahlenkarten legen und sprechen

20

Vorgänger und Nachfolger

1

5 kommt __vor__ 6.

7 kommt __nach__ 6.

2

Vorgänger	Zahl	Nachfolger
	3	
		7

2   3   4

5

8

3

Vorgänger	Zahl	Nachfolger

7   10

4

Der Vorgänger ist 4, der Nachfolger ist 6.

1 Begriffe „Vorgänger" und „Nachfolger" zu einer Zahl einführen; mit Zahlenkarten arbeiten, dabei „vor" und „nach" verwenden 4 Spiel: Zahlenkarte ziehen, Vorgänger und Nachfolger zur Zahl nennen; wenn richtig, Karte behalten

Arbeitsheft S. 18

Zahlen vergleichen

1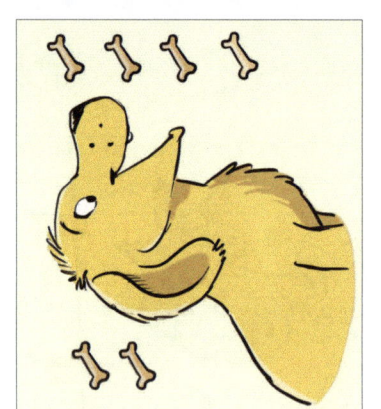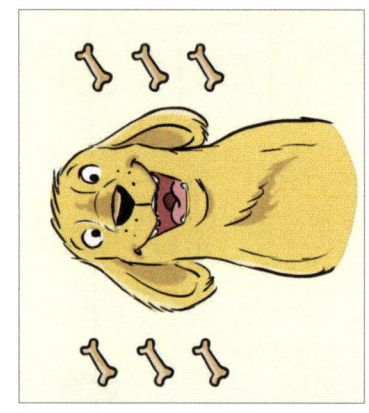

2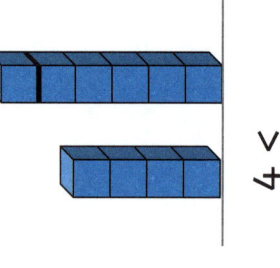
5 > ___
5 ist größer als 3

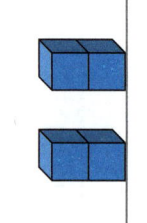
2 = ___
2 ist gleich 2

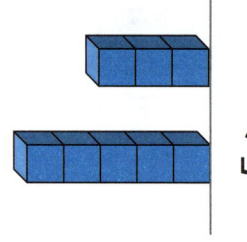
4 < ___
4 ist kleiner als 6

3 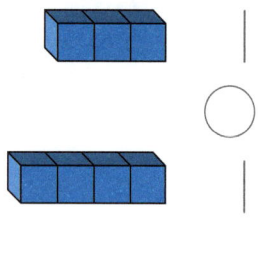 ◯
 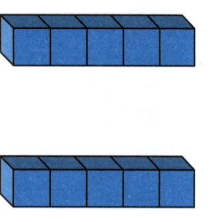 ◯
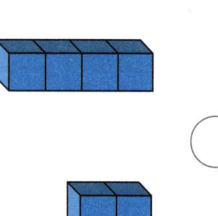 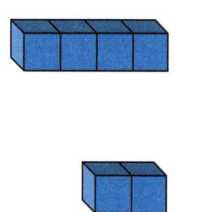 ◯

❗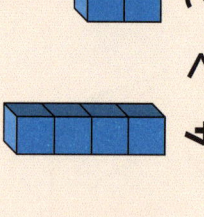
2 < 4
2 ist kleiner als 4

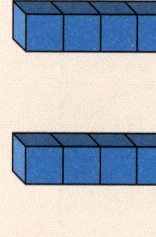
4 = 4
4 ist gleich 4

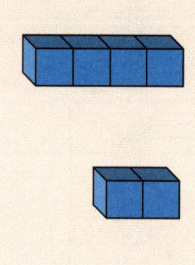
4 > 2
4 ist größer als 2

4 3 ◯ 5   8 ◯ 7   6 ◯ 6   4 ◯ 8   2 ◯ 7
4 ◯ 1   7 ◯ 5   9 ◯ 10   8 ◯ 8   6 ◯ 0

22

1 bis 3 Anzahlen vergleichen, Begriffe „mehr" bzw. „weniger" bei Dingen verwenden; Türme aus Bauklötzen bauen, Anzahl der Klötze vergleichen
2 bis 4 Vergleichen von Zahlen und Relationszeichen (<, =, >) einführen

Zahlen ordnen

①

② < ist kleiner als
> ist größer als

| 5 | 7 | 4 | 6 |

___ < ___ < ___ < ___

| 8 | 10 | 9 | 7 |

___ > ___ > ___ > ___

③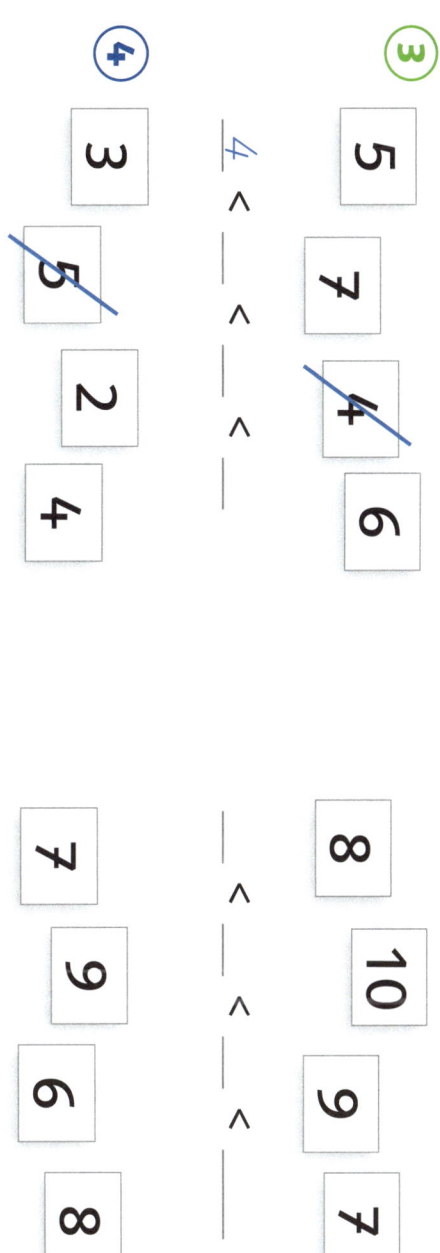

___ < ___ < ___ < ___

④

| 3 | | 2 | 4 |

4 < ~~5~~ < ___ < ___

| | 7 | 9 | 6 | 8 |

___ > ___ > ___ > ___

⑤ 7, 5, 8, ~~3~~, 10, 2

5 > ___ > ___ > ___ > ___

5, 1, 7, 3, 9, 4

2 < 3 < ___ < ___ < ___ < ___

___ > ___ > ___ > ___ > ___ > ___

2 und 3 Mit Zahlenkarten arbeiten: Zahlen nach der Größe vergleichen und ordnen
3 bis 5 Erkennen: man kann mit der kleinsten oder größten Zahl beginnen;
es können Lücken in der Zahlenreihe vorkommen

Arbeitsheft S. 19

23

Ordnungszahlen

①

②

③

Wiederholung

①

 _5_ | | |

②

| links | rechts | links | rechts | links | rechts | links | rechts |

③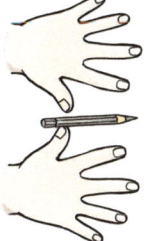

| 10 | 10 | 10 | 10 |

— 5 | — | — | —

④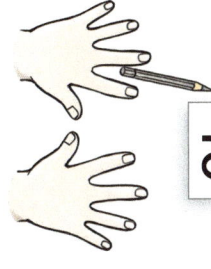

| 6 | 6 | 7 | 7 |

3 + __   5 + __   1 + __   __ + __
4 + __   2 + __   3 + __   __ + __

⑤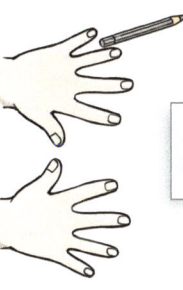

| 0 | 1 | | | 5 | | | | 10 |

⑥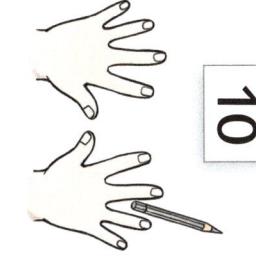

⟨ <, =, > ⟩

1 ◯ 3   5 ◯ 2   4 ◯ 2   5 ◯ 5
4 ◯ 2   8 ◯ 3   3 ◯ 5   0 ◯ 2

AH S. 20   LSH S. 2–4   25

Zahlen über 10 hinaus

Zählen bis 20

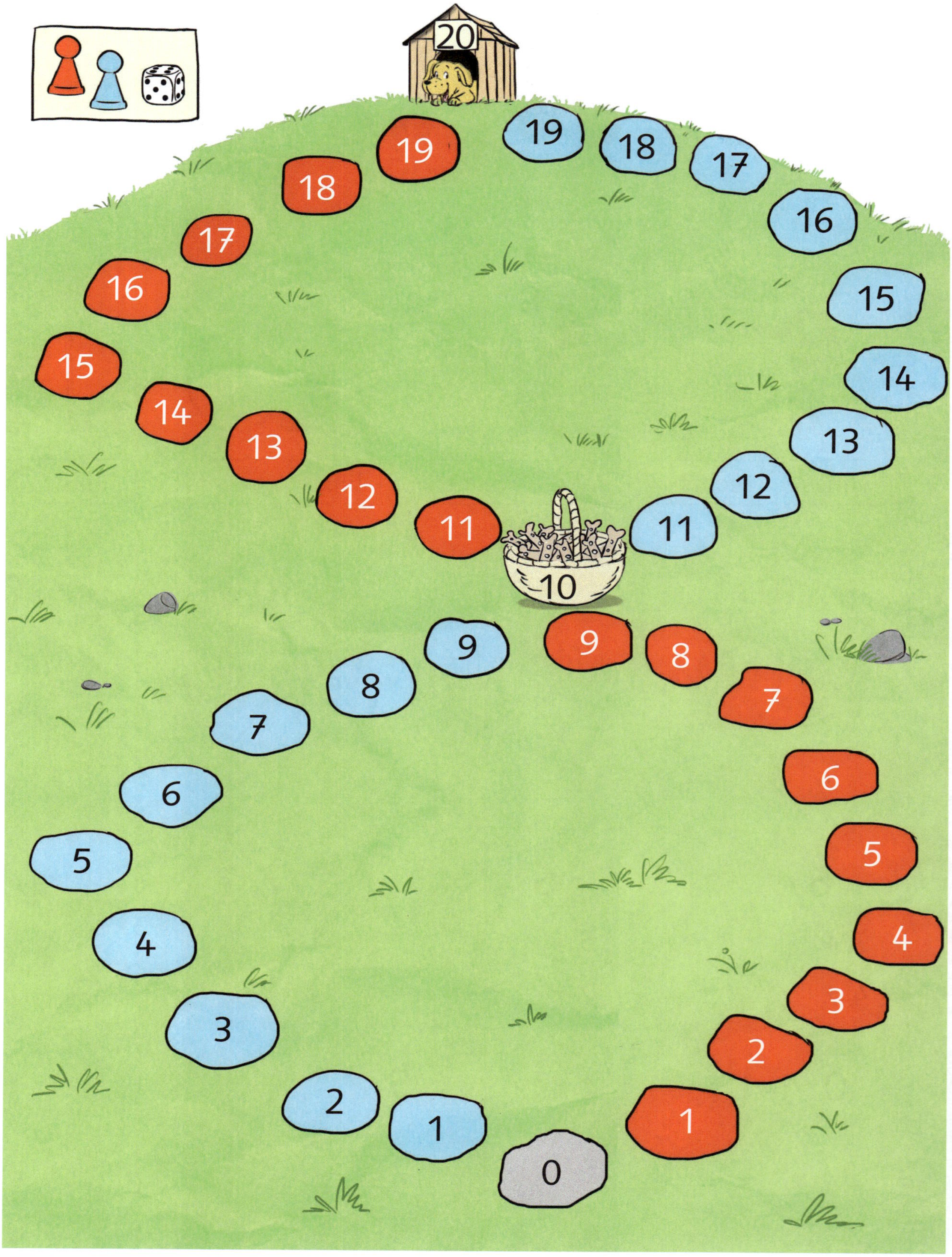

Beginn bei 0, abwechselnd würfeln, ziehen. Wer ist zuerst bei 20?
Spielvariante 1: Wer die 10/20 nicht trifft, würfelt dreimal. Spielvariante 2:
Wer die 10/20 nicht trifft, muss die Anzahl der Würfelaugen rückwärtsgehen

Die Zahlenreihe

1

2 Male an.

🟡 5, 10, 15

🟠 1, 2, 3, 11, 12, 13

🔵 4, 6, 14, 16

| 1 | 2 | 3 | 4 | 5 | 6 | 7 | 8 | 9 | 10 | 11 | 12 | 13 | 14 | 15 | 16 |

3

4

| 1 | 2 | | | 5 | | | | | | | 12 | | | | | 16 |

| | | | 4 | | | 7 | 8 | | | | 12 | | 14 | | | 17 |

1 Vorwärts- und rückwärtslaufen und zählen 3 Zahlenkarten 1 bis 20 verdeckt auslegen; Startkarte ziehen; abwechselnd Karten ziehen und anlegen; Karten, die nicht passen, bleiben offen liegen, bis sie angelegt werden können

Arbeitsheft S. 21

Verdoppeln und halbieren mit dem Spiegel

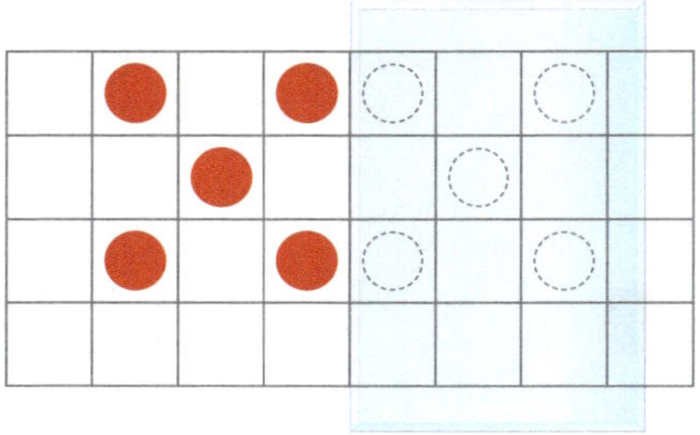

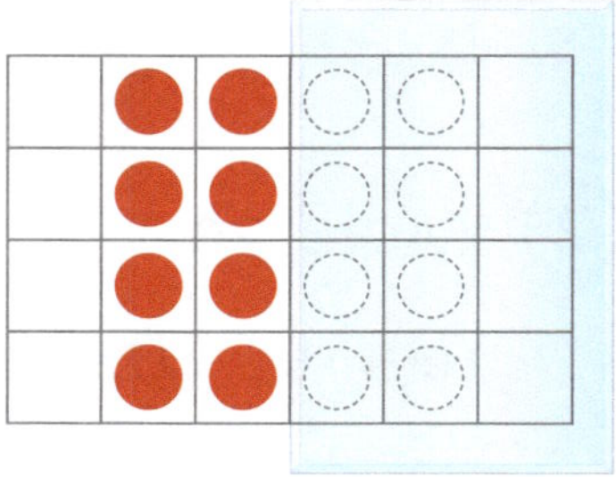

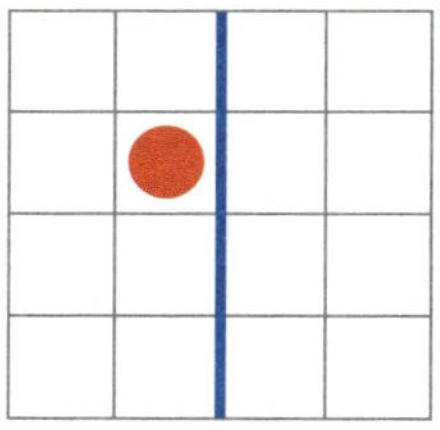

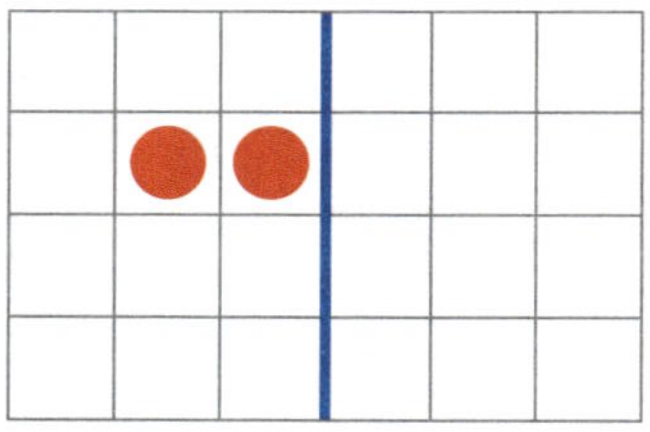

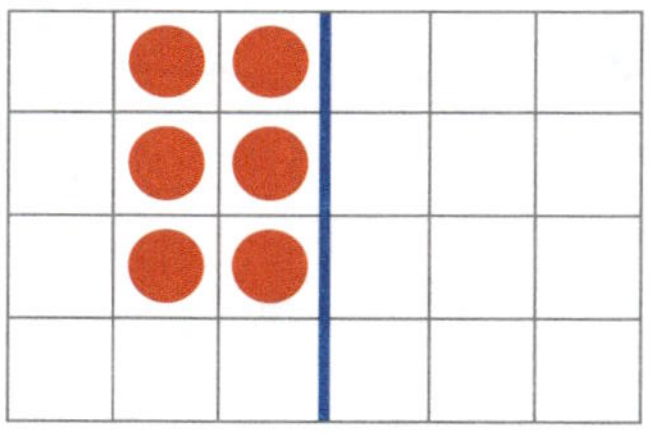

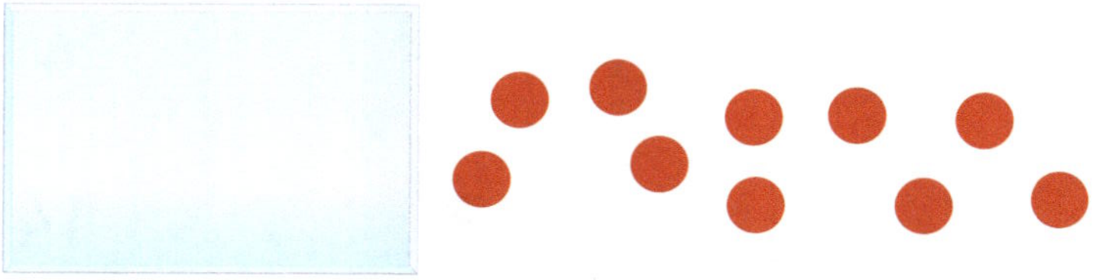

① Ich lege 4. Ich sehe 8.

②

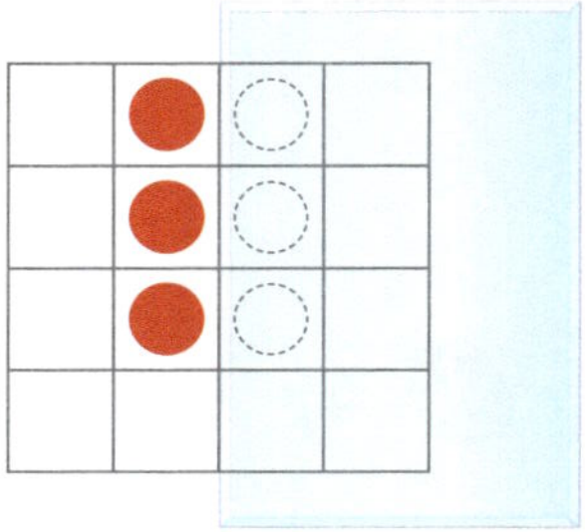

③

④

3
6

28

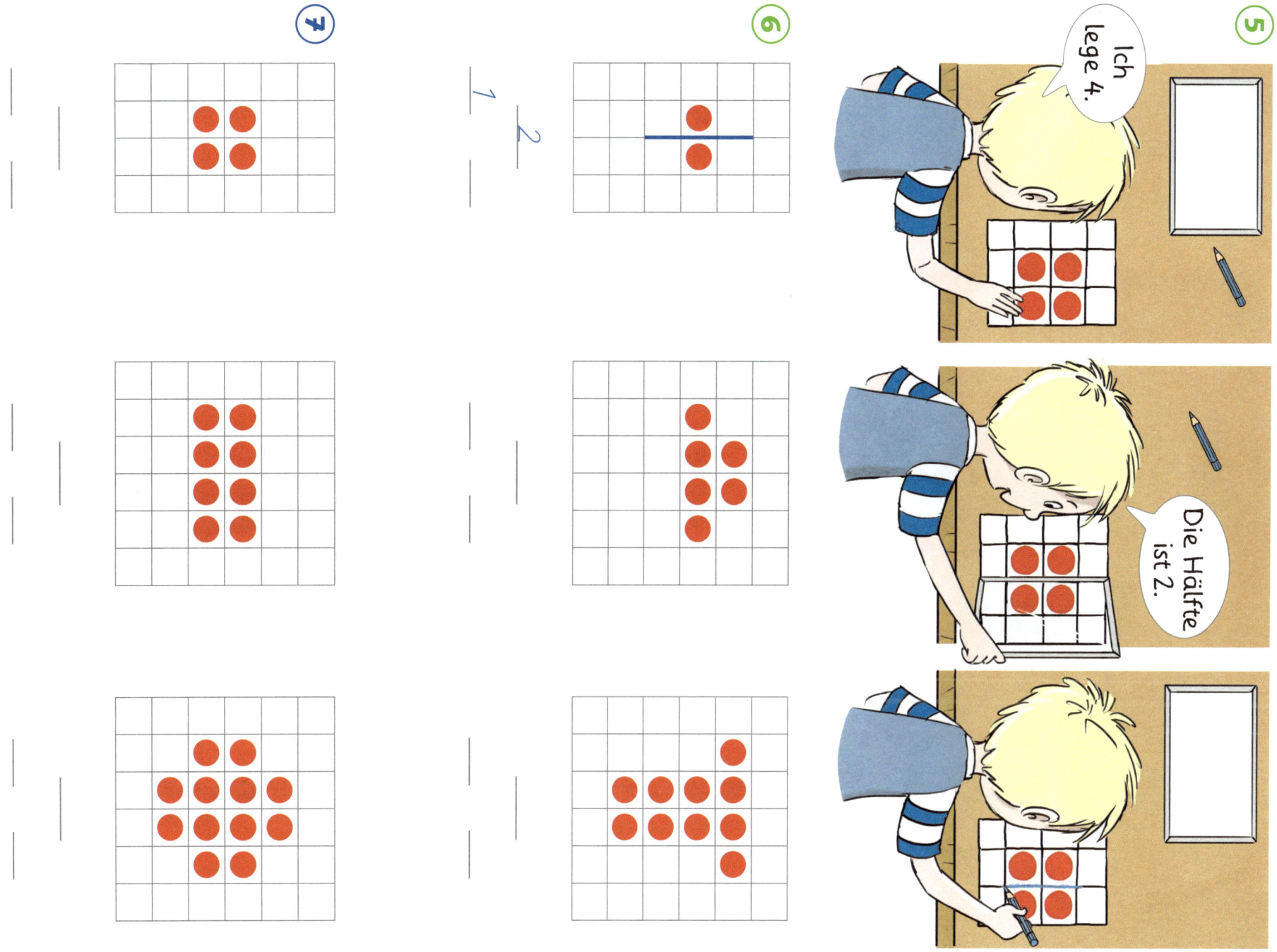

Rechnen im Zahlenraum bis 10

Einführung der Addition

1)

2)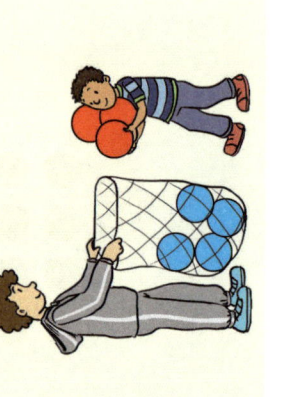

3 + 2 = _____
plus   ist gleich

3)

4 + 3 = _____

1 Situationen nachspielen und Plusaufgaben bilden
2 und 3 Schreib- und Sprechweise einführen und Aufgaben lösen

④

5 + 2 = ___

6 + ___ = ___

___ + ___ = ___

⑤

___ + ___ = ___

___ + ___ = ___

___ + ___ = ___

⑥

___ + ___ = ___

___ + ___ = ___

___ + ___ = ___

⑦

4 + 1 = ___

2 + 2 = ___

4 und 5 Weitere Aufgaben mit Steckwürfeln (Bausteinen) nachspielen, zu dynamischen Situationen Plusaufgaben finden und rechnen **6** Zu statischen Situationen Plusaufgaben finden und rechnen **7** Eigene Rechengeschichten erzählen und malen

Arbeitsheft S. 23

31

Addieren mit dem Zwanzigerfeld

1 Lege wie Nina und Ali.

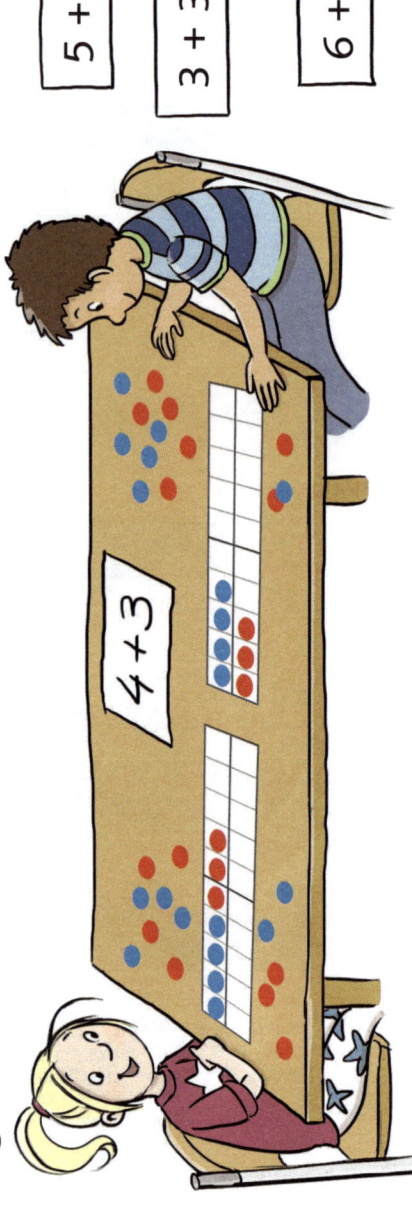
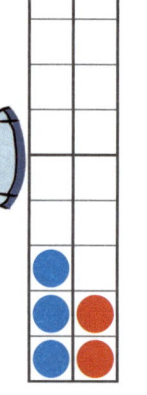

5 + 3
3 + 3
6 + 4

2 Male und rechne wie Nina und Ali.

3 + 2 = ___

4 + 4 = ___

3 Wie rechnest du?

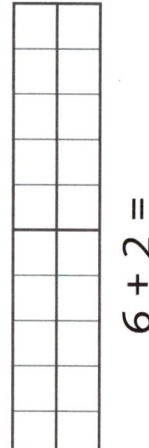

6 + 2 = ___

5 + 4 = ___

!
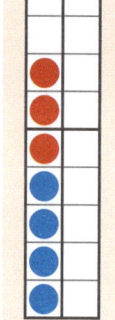
4 + 3 = 7
4 plus 3 ist gleich 7

 3 + 0

4
5 + 1 = ___   8 + 2 = ___   3 + 0 = ___
5 + 2 = ___   5 + 5 = ___   2 + 3 = ___
5 + 3 = ___   4 + 6 = ___   6 + 1 = ___
5 + 4 = ___   7 + 3 = ___   7 + 2 = ___

32

Aufgaben bei Bedarf legen

Tauschaufgaben

1

3 + 6 = ?

3 + 6 = ___
6 + 3 = ___

Ich tausche. 6 + 3 ist leichter!

2

2 + 4 = ___
4 + 2 = ___

3

_____

_____

_____

_____

4

Aufgabe: 3 + 6 = 9
Tauschaufgabe: 6 + 3 = 9

Ich tausche. Das Ergebnis bleibt gleich.

1 + 6 = ___   3 + 7 = ___   2 + 5 = ___   1 + 8 = ___
___ + ___ = ___   ___ + ___ = ___   ___ + ___ = ___   ___ + ___ = ___

5

Hier tausche ich.

2 + 7 = ___   1 + 4 = ___ ☐
3 + 3 = ___   4 + 5 = ___ ☐
6 + 3 = ___   2 + 6 = ___ ☐
3 + 5 = ___   0 + 8 = ___ ☐

5 Aufgaben ankreuzen, bei denen die Tauschaufgabe beim Lösen hilft; Auswahl begründen

Zahlenmauern

1

3 + 1 = 4

2

	7
9	1	2

	5
	3
4	4

	2	5

3

	7	0

	1
4	3	6

4

	10
10	10	10	10

5 Was fällt dir auf?

Basis: 3, 2, 2 / 2, 3, 2 / 3, 2, 3 (mauern mit Basissteinen)

6

Basis: 2, 1, 3 / 2

34

Übungen zur Addition

1

9 + 0
8 + 2
6 + 4
1 + 9
4 + 5
7 + 3
0 + 10
8 + 1
9 + 1
5 + 5
7 + 2
3 + 6

2 Rechne und male.

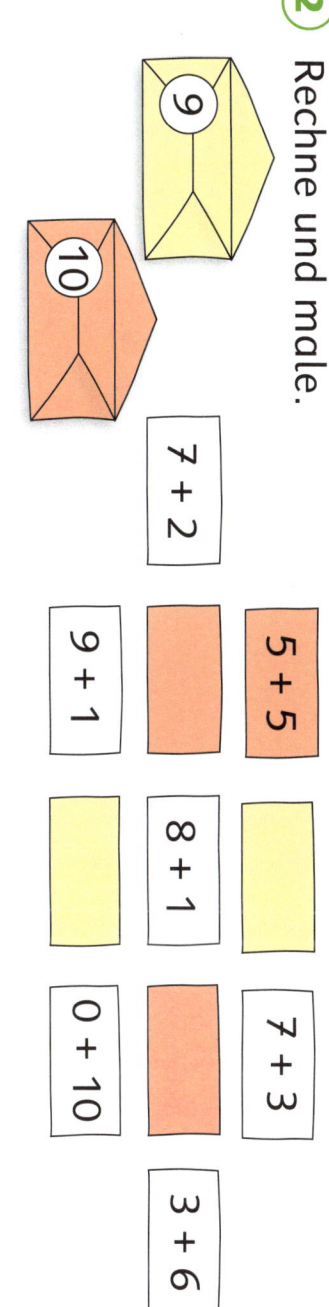

3 Rechne und male.

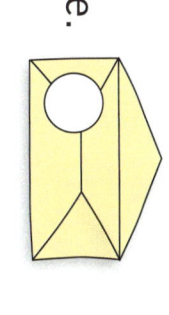

2 + 2	5 + 0	6 + 0
3 + 1	2 + 4	2 + 3
	1 + 4	3 + 3

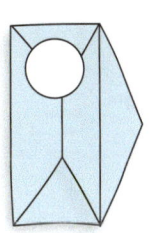

4 + 2	0 + 5
4 + 1	1 + 5
5 + 1	3 + 2
4 + 0	1 + 3

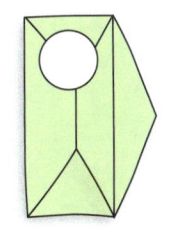

4 Bildet Plusaufgaben. Findet ihr alle Aufgaben?

 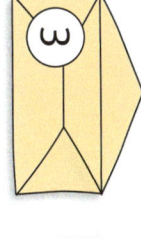  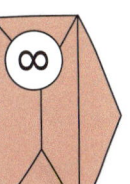

Einführung der Subtraktion

1

2

5 − 2 = ___

minus ist gleich

3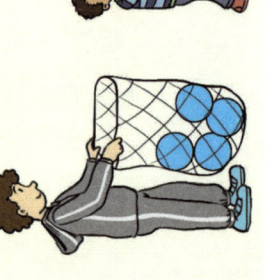

7 − 3 = ___

1 Situationen nachspielen und Minusaufgaben bilden
2 und 3 Schreib- und Sprechweise einführen und Aufgaben lösen

④

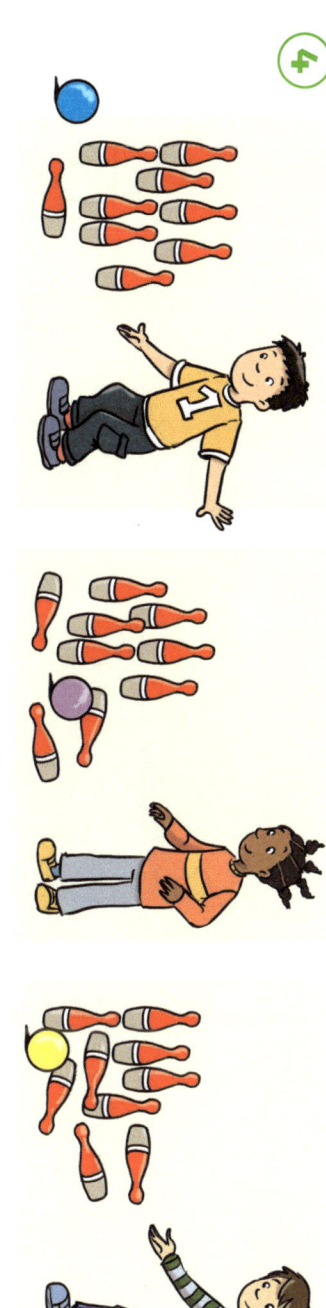

9 − 1 = ___

9 − ___ = ___

9 − ___ = ___

⑤

___ − ___ = ___

___ − ___ = ___

___ − ___ = ___

⑥

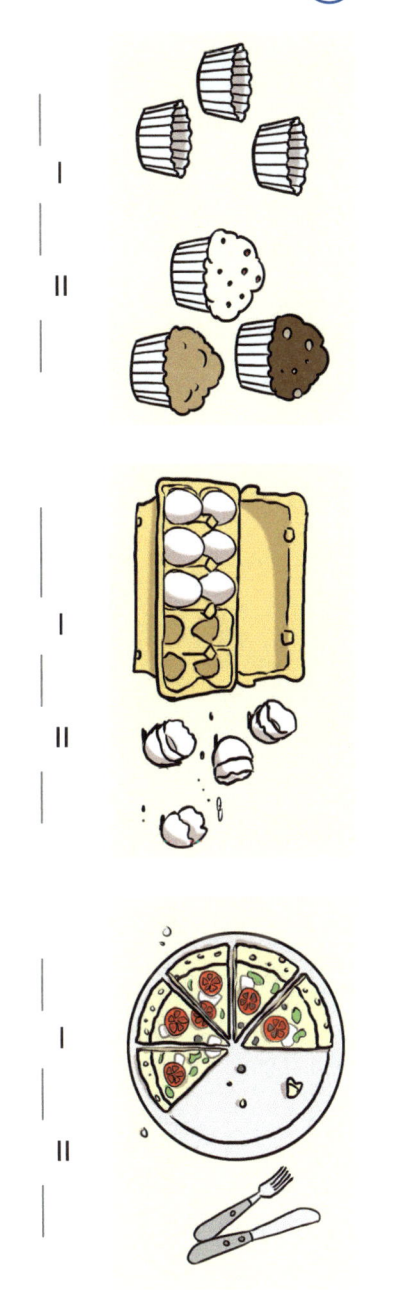

___ − ___ = ___

___ − ___ = ___

___ − ___ = ___

⑦

3 − 1 = ___

5 − 2 = ___

4 und 5 Weitere Aufgaben mit Kegeln nachspielen, zu dynamischen Situationen Minusaufgaben finden und rechnen **6** Zu statischen Situationen Minusaufgaben finden und rechnen **7** Eigene Rechengeschichten erzählen und malen

Arbeitsheft S. 26

Subtrahieren mit dem Zwanzigerfeld

1 Lege.

Ich lege 8, dann nehme ich 3 weg.

4 − 2
7 − 1
10 − 4

2

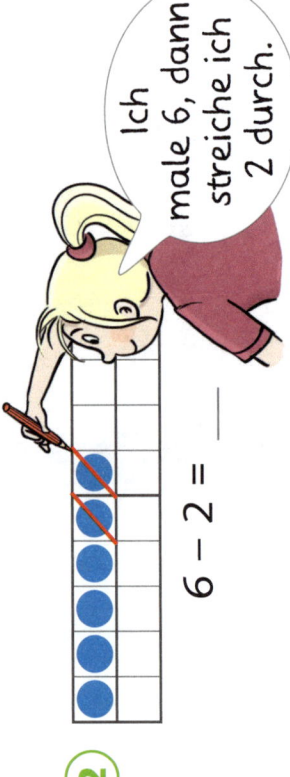

Ich male 6, dann streiche ich 2 durch.

6 − 2 = ___   4 − ___ = ___

3 Streiche durch und rechne.

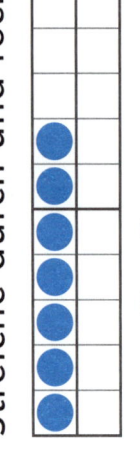

7 − 3 = ___   8 − 4 = ___

4 Male und rechne.

6 − 3 = ___   5 − 2 = ___

!

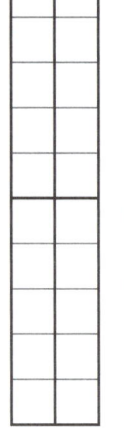

8 − 3 = 5
8 minus 3 ist gleich 5

5
3 − 2 = ___   5 − 2 = ___   2 − 1 = ___   8 − 2 = ___
4 − 2 = ___   5 − 3 = ___   3 − 3 = ___   10 − 5 = ___
7 − 2 = ___   5 − 4 = ___   8 − 4 = ___   6 − 0 = ___
6 − 2 = ___   5 − 5 = ___   6 − 5 = ___   10 − 3 = ___

1 Aufgaben durch Legen und Wegnehmen von Plättchen lösen 4 Erst Gesamtanzahl malen; dann die Plättchen durchstreichen, die weggenommen werden müssen 5 Aufgaben bei Bedarf legen

Übungen zur Subtraktion

1
3 − 1 = __
2 − 2 = __
4 − 2 = __
7 − 1 = __

6 − 4 = __
9 − 1 = __
7 − 0 = __
6 − 6 = __

10 − 5 = __
8 − 1 = __
9 − 8 = __
7 − 6 = __

6 − 0 = __
9 − 2 = __
10 − 1 = __
9 − 7 = __

2 Was fällt dir auf?

4 − 1 = __
4 − 2 = __
4 − 3 = __
4 − 4 = __

6 − 3 = __
7 − 3 = __
8 − 3 = __
9 − 3 = __

6 − 6 = __
6 − 4 = __
6 − 2 = __
6 − 0 = __

5 − 0 = __
6 − 1 = __
7 − 2 = __
8 − 3 = __

3 Vorsicht, 5 Fehler!

7 − 4 = ~~2~~ 3
10 − 2 = 8
4 − 0 = 0
8 − 4 = 4

8 − 7 = 1
9 − 9 = 9
5 − 3 = 2
7 − 0 = 7

4 − 3 = 1
3 − 2 = 5
8 − 3 = 5
7 − 3 = 5

4 Rechne und male.

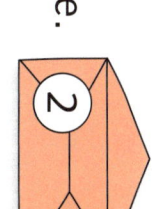 2    3   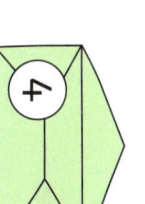 4

7 − 5   8 − 5   10 − 6
6 − 2   8 − 6   9 − 5
8 − 4   3 − 1   2 − 0
      3 − 0

5 Finde Aufgaben.

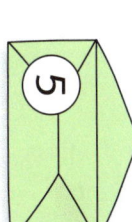 5
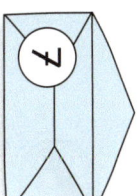 7
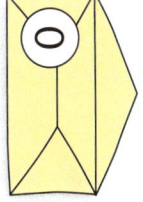 0

---

2 Regeln erkennen, wie sich die Aufgaben verändern 3 weitere 4 Fehler finden und durchstreichen; richtiges Ergebnis eintragen 4 Minusaufgaben ergänzen bzw. Aufgabenkarten passend färben 5 Eigene Aufgabenkarten schreiben

Umkehraufgaben

1

7 + 2 = __

9 − 2 = __

2

6 − 1 = __
5 + 1 = __

5 − 2 = __
3 + 2 = __

10 − 5 = __
__ + __ = __

6 − 2 = __
__ + __ = __

4 − 4 = __
__ + __ = __

3

5 − 3 = __
2 + 3 = __

6 + 1 = __
__ − __ = __

8 + 2 = __
__ − __ = __

4 + 4 = __
__ − __ = __

4

3 + 2 = __
5 − 2 = __

2	3	5

2 + 3 = __
3 + 2 = __
5 − 2 = __
5 − 3 = __

2	4	6

__ + __ = __
__ + __ = __
__ − __ = __
__ − __ = __

5 3 Zahlen, 4 Aufgaben.

*2 Aufgaben mit +
2 Aufgaben mit −*

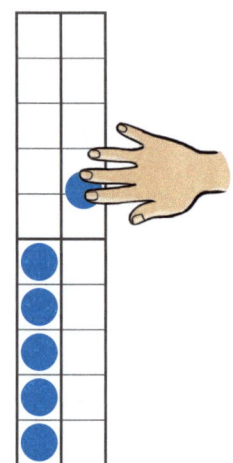

40

1 Handlungen und Umkehrhandlungen nachspielen 2 Aufgaben mit Plättchen lösen
3 und 4 Umkehraufgabe bilden und rechnen, bei Bedarf handelnd lösen
5 Aufgabenfamilien z. B. mit Zahlenkarten bilden und lösen

Verdoppeln und halbieren

Verdoppeln Halbieren

RECHENSTRATEGIE

Nutze das Verdoppeln und Halbieren.

3 + 3 = 6
6 − 3 = 3

3 + 4 = 7,
denn 3 + 3 = 6

© 2017 Cornelsen Verlag GmbH, Berlin
Alle Rechte vorbehalten.

1

5 + 5 = ___

10 − 5 = ___

___ + ___ = ___

___ − ___ = ___

___ + ___ = ___

___ − ___ = ___

2

4 + 4 = ___

4 + 5 = ___

Ich verdopple zuerst!

3 Wo hilft dir das Verdoppeln?

4 + 5 = ☐ 2 + 2 = ☐ 3 + 5 = ☐ 3 + 4 = ☐

4 + 3 = ☐ 3 + 2 = ☐ 3 + 3 = ☐ 2 + 4 = ☐

4 Wo hilft dir das Halbieren?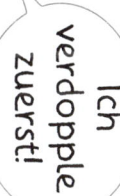

6 − 3 = ☐ 6 − 4 = ☐ 10 − 5 = ☐ 8 − 4 = ☐

6 − 2 = ☐ 4 − 3 = ☐ 10 − 4 = ☐ 8 − 3 = ☐

1 Rechenstrategie „Verdoppeln und Halbieren" einführen 2 Verdopplungsaufgaben auch für Nachbaraufgaben nutzen 3 und 4 Bei geeigneten Aufgaben die Strategie „Verdoppeln und Halbieren" anwenden

Arbeitsheft S. 28

Ergänzen

1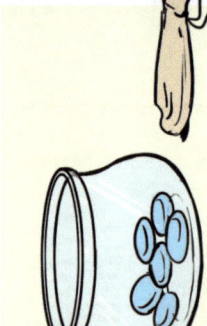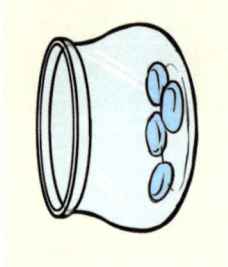

3 + ___ = 6   5 + ___ = 7   4 + ___ = 6

2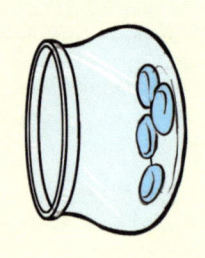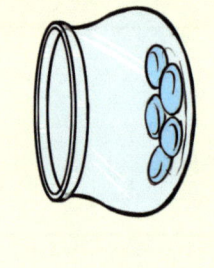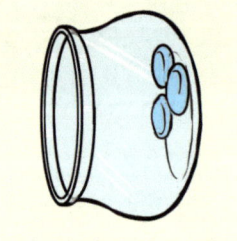

3 + ___ = 6   5 + ___ = 7   4 + ___ = 9

3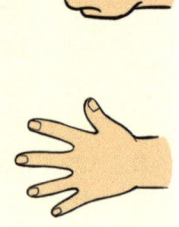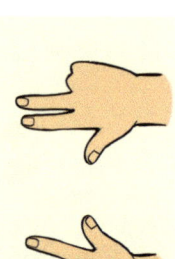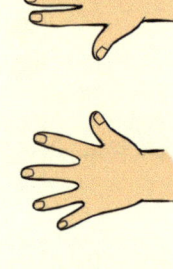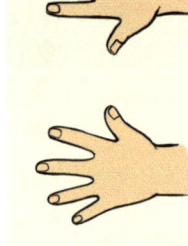

7 + ___ = 10   ___ + ___ = 10   ___ + ___ = 10

4

5 + ___ = 6	4 + ___ = 4	5 + ___ = 8	2 + ___ = 4
5 + ___ = 7	4 + ___ = 5	6 + ___ = 8	3 + ___ = 5
5 + ___ = 8	4 + ___ = 7	4 + ___ = 8	6 + ___ = 9
5 + ___ = 9	4 + ___ = 9	0 + ___ = 8	8 + ___ =10

5 Wie rechnest du?

___ + 2 = 3	___ + 5 = 6	___ + 2 = 7	___ + 1 = 4
___ + 2 = 4	___ + 5 = 8	___ + 4 = 7	___ + 2 = 9
___ + 2 = 5	___ + 5 =10	___ + 3 = 7	___ + 0 = 5

1 Situation mit anderen Anzahlen nachspielen bei Bedarf mit Plättchen legen

Übungen zur Addition und Subtraktion

1 Rechne und male.

| 5 − 2 | 2 + 2 | 2 + 1 | | 4 − 0 | 7 + 0 | | 8 − 4 | 10 − 3 | 1 + 6 | 0 + 4 | 9 − 6 | | 6 − 3 |

(3) (4) (7)

2 Wie rechnest du?

Tauschaufgabe?

$2 + 7 =$ ___ $4 + 5 =$ ___ $4 − 2 =$ ___
$3 + 3 =$ ___ $1 + 8 =$ ___ $9 − 4 =$ ___
$1 + 5 =$ ___ $4 + 3 =$ ___ $10 − 5 =$ ___
$3 + 6 =$ ___ $2 + 6 =$ ___ $7 − 3 =$ ___

3 Was fällt dir auf? Rechne weiter.

$5 + 5 =$ ___ $7 − 5 =$ ___ $1 + 9 =$ ___
$5 + 4 =$ ___ $8 − 4 =$ ___ $2 + 8 =$ ___
$5 + 3 =$ ___ $9 − 3 =$ ___ $3 + 7 =$ ___
___ + ___ = ___   ___ − ___ = ___   ___ + ___ = ___

5 + 2

4

$2 + 2 =$ ___ $8 − 1 =$ ___ $7 − 6 =$ ___
$2 + 4 =$ ___ $7 − 1 =$ ___ $7 − 4 =$ ___
$2 + 6 =$ ___ $5 − 1 =$ ___ $7 − 3 =$ ___
___ + ___ = ___   ___ − ___ = ___ $3 + 3 =$ ___
                                    $1 + 1 =$ ___
                                    ___ + ___ = ___

3 und 4 Übungsformat „Fortsetzungsaufgaben" einführen: Bildungsprinzip der Aufgabenreihen erkennen, beschreiben und weitere Aufgaben ergänzen; eigene Fortsetzungsaufgaben erfinden und notieren

Arbeitsheft S. 29

Legen und rechnen mit Geld

Info

Geld
Früher haben die Menschen Waren getauscht. Später wurde mit Gold und Silber bezahlt. Heute haben wir Münzen und Geldscheine.

①  ___ Cent  ___ Cent  ___ Cent  ___ Cent

②  ___ Cent  ___ Cent  ___ Cent

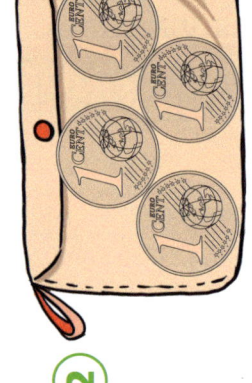 ___ Cent   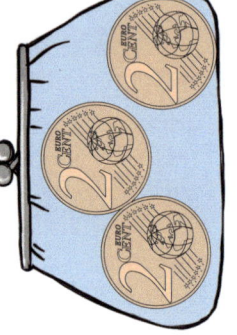 ___ Cent    ___ Cent

③ ___ Cent   5 Cent   5 Cent

④ 3 Cent   2   7 Cent   5   4 Cent   2

⑤ Lege mit wenig Münzen 4 Cent, 5 Cent, 8 Cent, 9 Cent.

⑥ Was kannst du mit zwei Münzen legen?

| 1 Cent ☐ | 2 Cent ☐ | 3 Cent ☐ | 4 Cent ☒ | 5 Cent ☐ |
| 6 Cent ☐ | 7 Cent ☐ | 8 Cent ☐ | 9 Cent ☐ | 10 Cent ☐ |

Alle Aufgaben können mit dem Rechengeld aus der Beilage gelegt werden.
3 und 4 Rechengeld (auf-)legen und Fehlendes ergänzen
6 Mit Rechengeld legen und probieren

44

7
___ Euro

___ Euro

___ Euro

___ Euro

8
___ Euro

___ Euro

___ Euro

9
5		
10 Euro	10 Euro	10 Euro

5

10
5	1 1 1	2
6 Euro	8 Euro	9 Euro

11
Wer hat mehr?

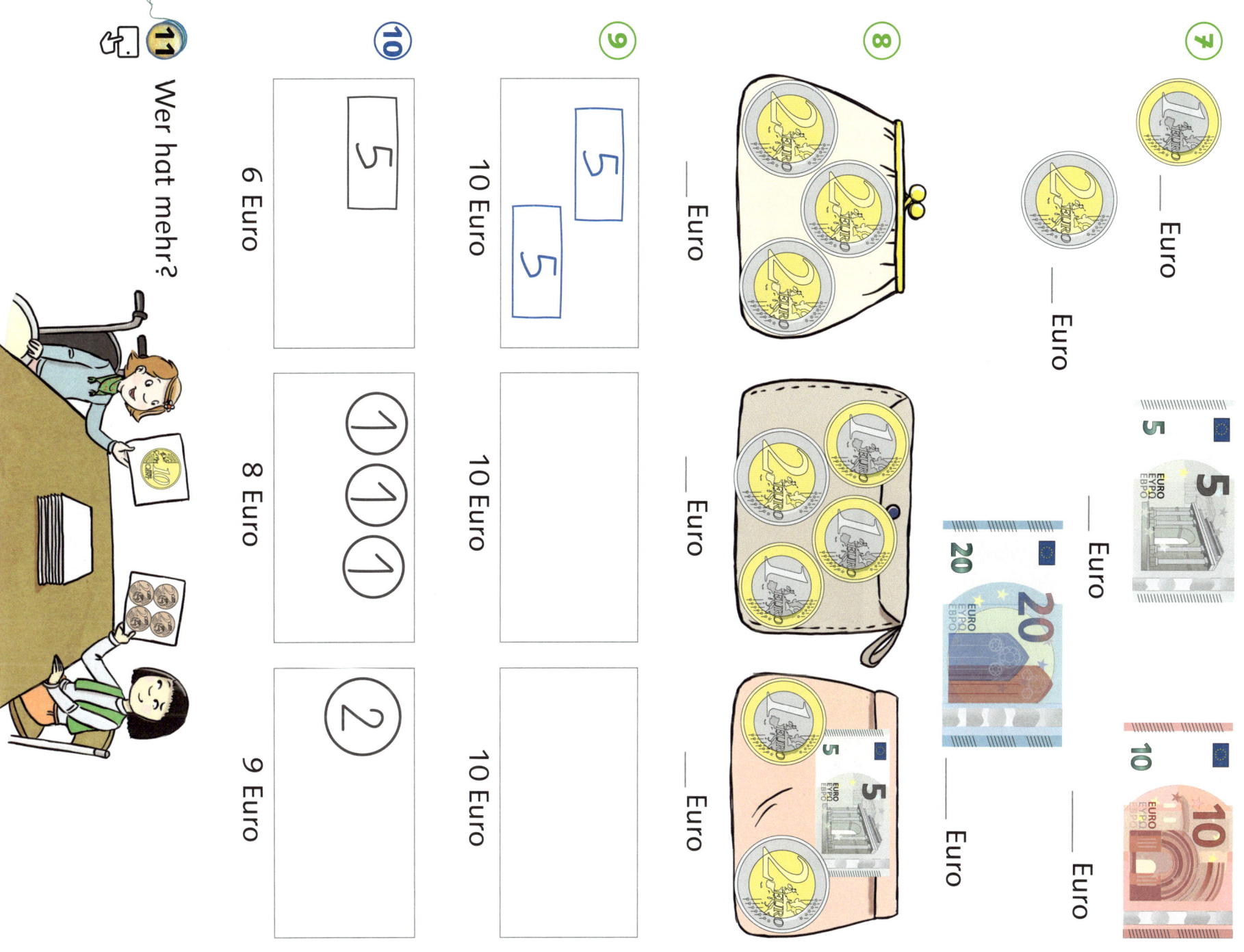

11 Spielkarten durch Aufkleben/Aufmalen von Rechengeld selbst herstellen; Spielanleitung: Spielkarten umgedreht auf einen Stapel legen; abwechselnd ziehen und Beträge vergleichen lassen

Arbeitsheft S. 30

45

Rechengeschichten

1

___ + ___ = ___

2

___ − ___ = ___

3

___ + ___ = ___
___ − ___ = ___

4

___ − ___ = ___

5

___ + ___ = ___
___ − ___ = ___

Passende Plus- und Minusaufgaben zu den Bildern/Sachsituationen aufschreiben und ausrechnen; **5** Unterschiedliche Möglichkeiten finden und besprechen; eigene Rechengeschichten erfinden und malen

46

Wiederholung

1
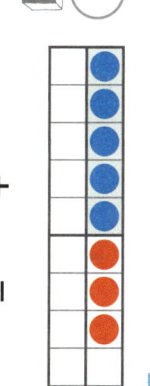

___ + ___ = ___   ___ − ___ = ___   ___ − ___ = ___

2

5 + 0 = ___
5 + 1 = ___
5 + 2 = ___
___

1 + 4 = ___
2 + 3 = ___
3 + 2 = ___
___

10 − 1 = ___
10 − 2 = ___
10 − 3 = ___
___

10 − 5 = ___
9 − 5 = ___
8 − 5 = ___
___

3

0 + 0 = ___
1 + 1 = ___
10 − 5 = ___
10 − 4 = ___

5 + 5 = ___
5 + 4 = ___
6 − 3 = ___
6 − 4 = ___

3 + 3 = ___
3 + 2 = ___
8 − 4 = ___
8 − 5 = ___

4

 5 | 4

 10 | 5

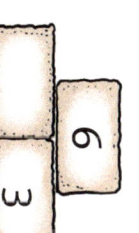 6 | 3

 9 | 5

5

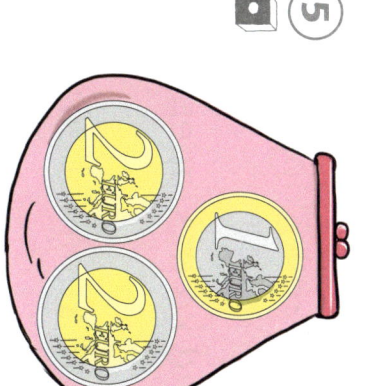
___ Euro

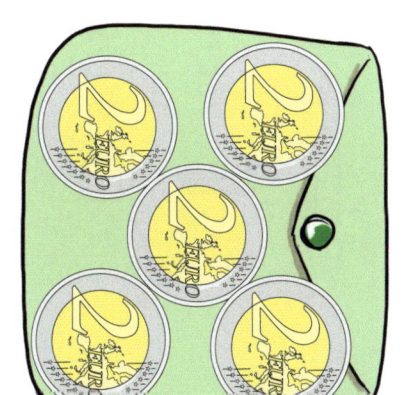
___ Euro

___ Euro

Körper

Würfel, Quader, Zylinder und Kugel

1 ... kann man stapeln
... ist rund
... kann rollen
... kann kippen
... ist eckig

2 Was stimmt?

	kann rollen ☐	ist rund und kann rollen ☐
	ist rund ☐	ist eckig und kann kippen ☐
	kann rollen ☐	ist eckig und kann kippen ☐
	ist rund ☐	ist rund und kann kippen ☐
	ist eckig ☐	ist eckig und kann rollen ☐
	kann kippen ☐	kann kippen und rollen ☐

48

1 Stationen im Klassenzimmer aufbauen; grundlegende Eigenschaften der Körper entdecken und beschreiben

3 Räume auf.

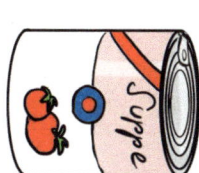

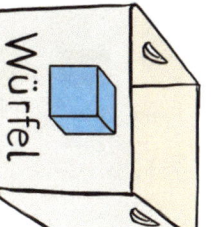

Würfel	Quader	Zylinder	Kugel
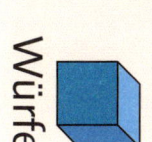			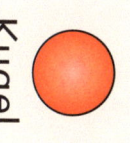

4 Warum gibt es diese Dinge nicht?

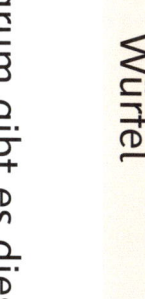

Arbeitsheft S. 32

4 Über die Funktion der Form unterschiedlicher Gegenstände sprechen, dabei auf die grundlegenden Eigenschaften der Körper zurückgreifen; eigene „unmögliche" Gegenstände erfinden und zeichnen

49

Körper erkennen

1 Zähle.

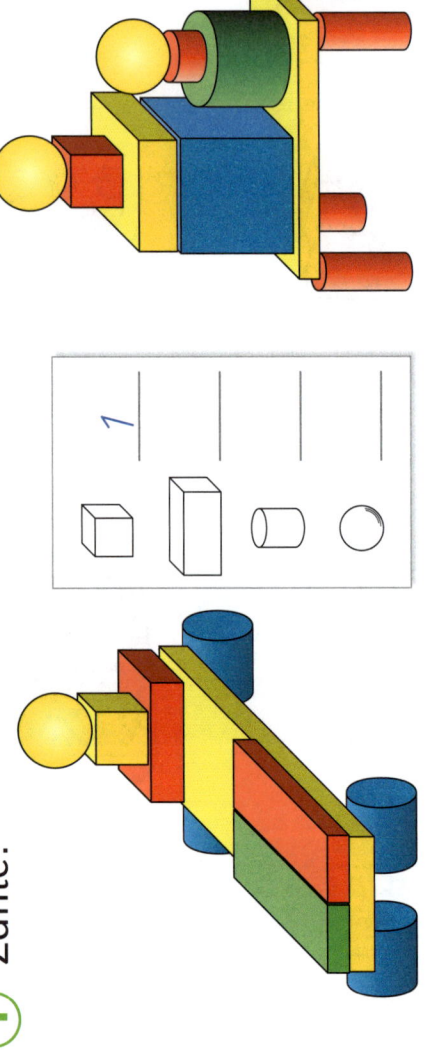

2 Male an und zähle.

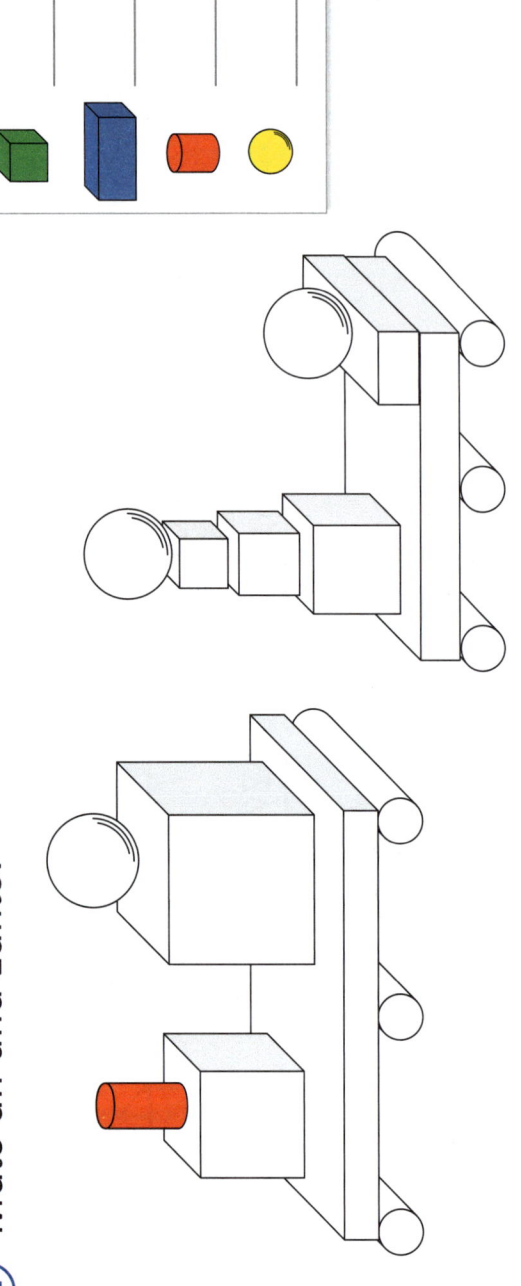

3 Male an und zähle.

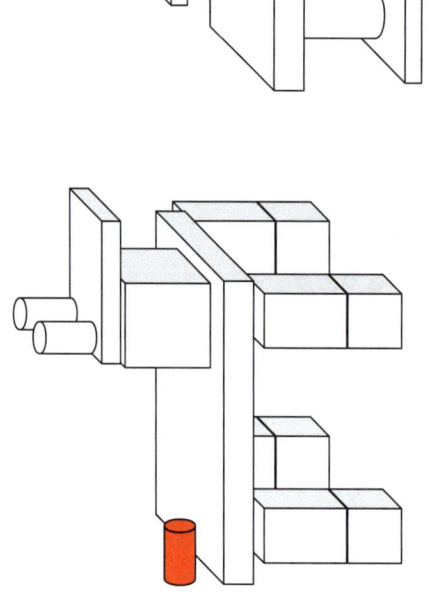
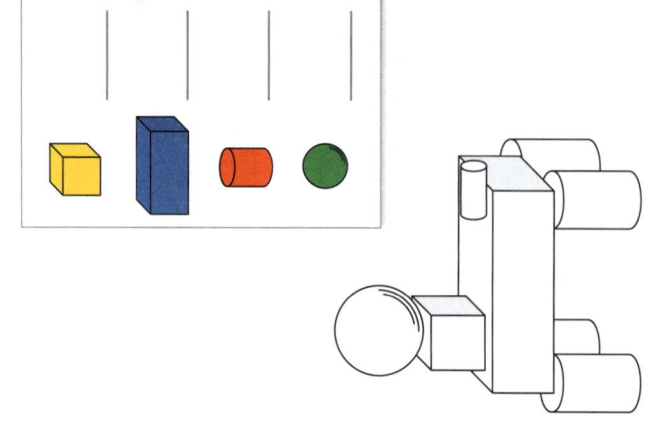

50

Vom Körper zur Fläche

①

②

③ Verbinde.

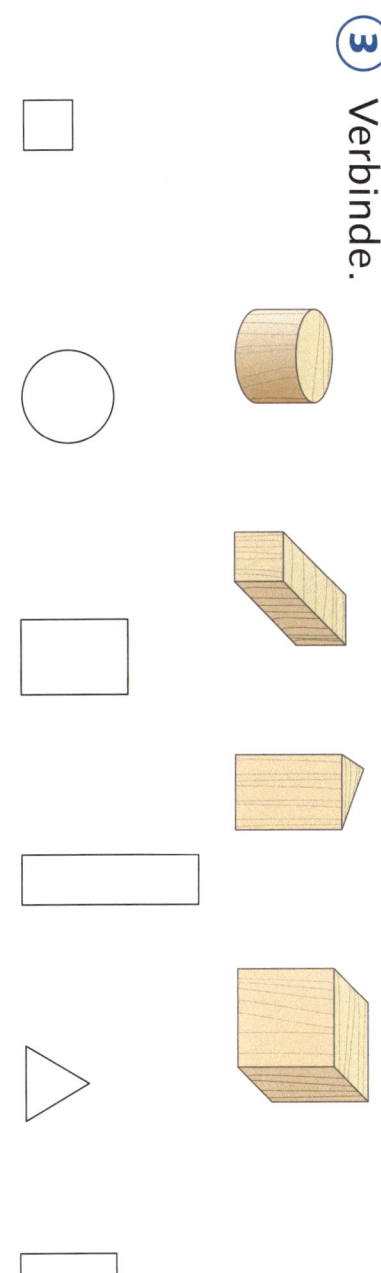

1 Fläche durch Stempeln abbilden; Flächen in der entsprechenden Stempelfarbe anmalen
2 Fläche durch Umfahren abbilden; Flächen den entsprechenden Körpern zuordnen

Arbeitsheft S. 33

51

Wiederholung

1 Welche Körper können es sein? ✗

... kann rollen

- Kugel ☐
- Würfel ☐
- Zylinder ☐

... kann kippen

- Kugel ☐
- Würfel ☐
- Quader ☐

... ist eckig

- Würfel ☐
- Zylinder ☐
- Quader ☐

2 Male an und zähle.

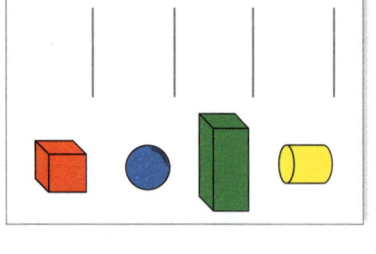

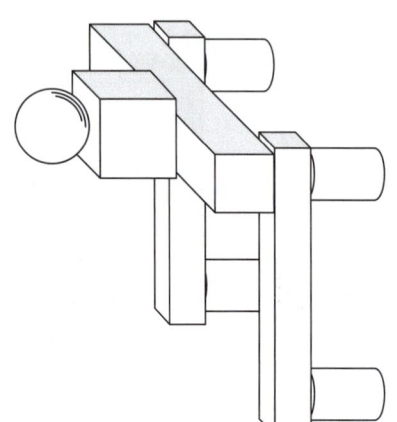

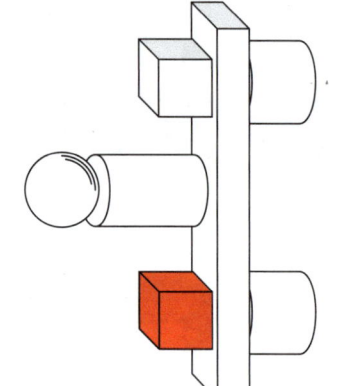

3 Male an.

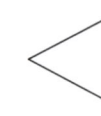 

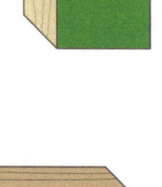 ☐

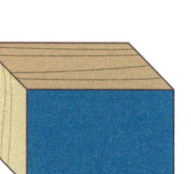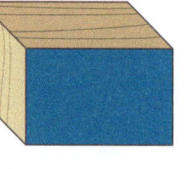 ☐

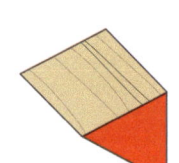 ◯

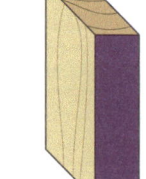 ☐

1 Es sind mehrere Lösungen möglich.

Projekt: Geo-City

① Erzähle.

Geo – City

Info

Geo-City
In Geo-City haben Gebäude, Menschen, Tiere und andere Dinge die Form von Würfel, Quader, Zylinder und Kugel.

② Baut eure eigene Geo-City.

sammeln

sortieren

Würfel

Quader

Zylinder

Kugel

anmalen und stempeln

kleben

Sammelt alte Kartons!

1 Figuren in Gesamtsituation erkennen und benennen; nach Bildern von Gebäuden im Internet recherchieren, in denen sich geometrische Körper identifizieren lassen

Der Zahlenraum bis 20

Die Zahlen 11 bis 20

11	12	13	14	15

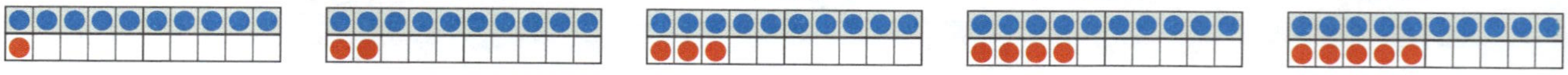

10 + ___   10 + 2   10 + ___   10 + ___   10 + ___

Über das Bild sprechen, dabei Lagebeziehungen thematisieren: vorn, hinten, vor, hinter, über, unter, oben, unten, links, rechts; Anzahlen verschiedener Dinge bestimmen (Strichlisten) und die Piktogramme den Zahlen zuordnen; Plusaufgaben ergänzen

54

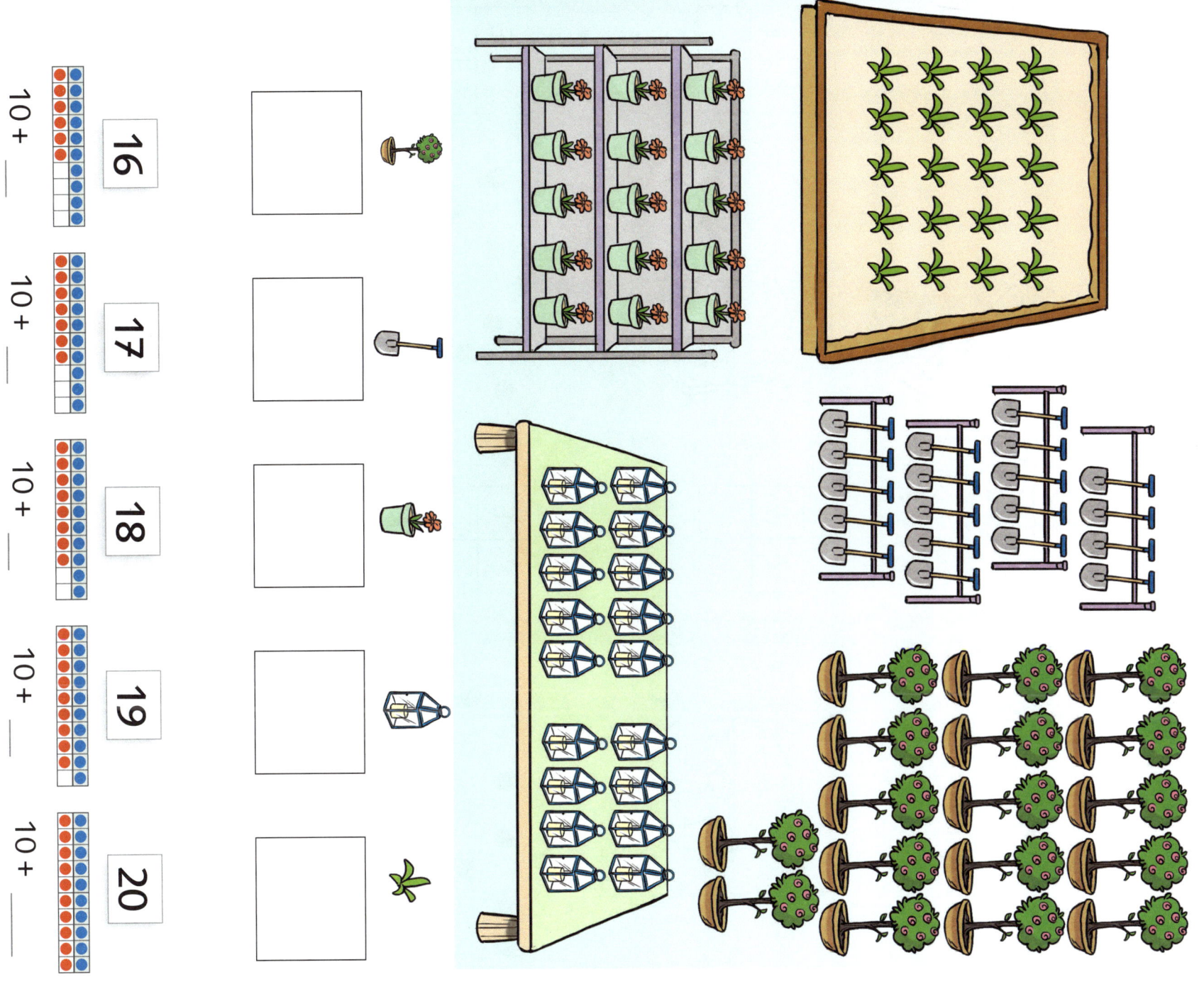

Zehner und Einer

1)

Zehner	Einer
1	4

2)

Z	E

___

Z	E

___

3)

Z	E

___

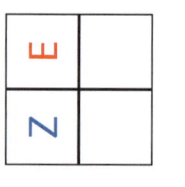

Z	E

___

4)

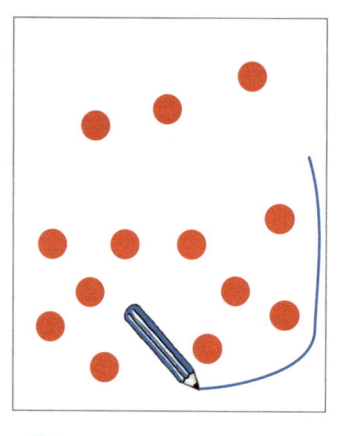

Z	E

___

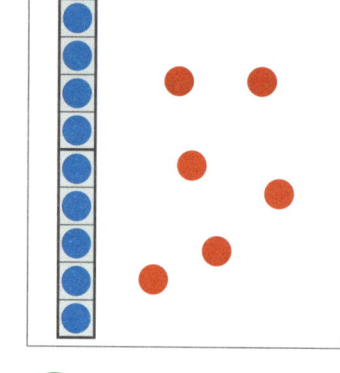

Z	E

___

Das schnelle Erfassen größerer Anzahlen wird durch 10er-Bündelung möglich; Stellentafel einführen **4** Kennenlernen der Bündelungshilfe „Zehnerstreifen"

5

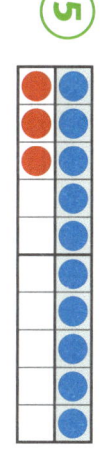

10 + 3 = ___   dreizehn

Z	E
1	3

___ + ___ = ___   fünfzehn

Z	E
1	5

___ + ___ = ___   siebzehn

Z	E

___ + ___ = ___   neunzehn

Z	E

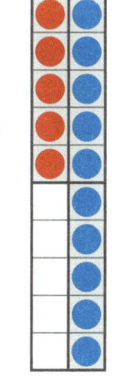

___ + ___ = ___   vierzehn

Z	E

___ + ___ = ___   sechzehn

Z	E

___ + ___ = ___   achtzehn

Z	E

___ + ___ = ___   zwanzig

Z	E

6

Wie viele? 12

7

11 = 10 + ___   14 = ___ + ___   17 = ___ + ___
12 = 10 + ___   15 = ___ + ___   18 = ___ + ___
13 = ___ + ___   16 = ___ + ___   19 = ___ + ___

8

12 − 2 =   13 − 3 =   15 − ___ = 10
16 − 6 =   11 − 1 =   19 − ___ = 10
14 − 4 =   18 − 8 =   17 − ___ = 10

5 Zahlwortbildung thematisieren: Wir schreiben erst Zehner, dann Einer; wir sprechen erst den Einer 6 Anzahlen beschreiben (1 Zehnerstreifen und 2 Einer) und Anzahlen nennen
7 Sprachliche Besonderheit der Zahlwörter 11 und 12 klären

Das Zwanzigerfeld

1

12 = 10 + 2   12 = 6 + 6   Ich lege anders.

2

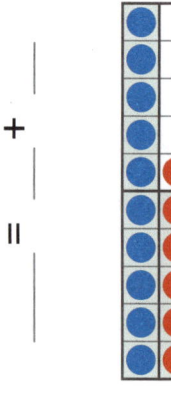
14 = ___ + ___

___ = ___ + ___

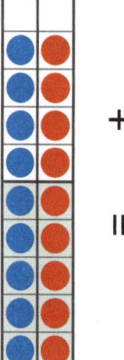
___ = ___ + ___

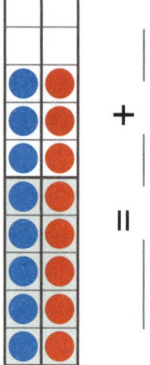
___ = ___ + ___

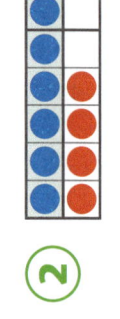
___ = ___ + ___

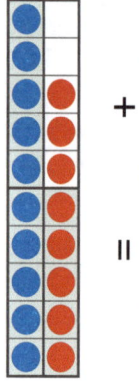
___ = ___ + ___

3 Wie legst du? Male.

13 = ___ + ___

16 = ___ + ___

17 = ___ + ___

20 = ___ + ___

58

Die Zwanzigertafel

1

2

1				5					10
11				15					20

Leg die 19.

3

3		
	14	

	8	
		15

4

Rechnet über Kreuz. Was fällt euch auf?

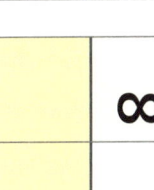

1 + 12 = ___
2 + 11 = ___

Arbeitsheft S. 36

1 und 2 Anordnung der Zahlen in der Zwanzigertafel entdecken: Welche Zahlen stehen nebeneinander und unter-/übereinander?
3 Ausschnitte aus der Zwanzigertafel ausfüllen, bei Bedarf mit Zahlenkarten arbeiten

Vom Zwanzigerfeld zum Zahlenstrahl

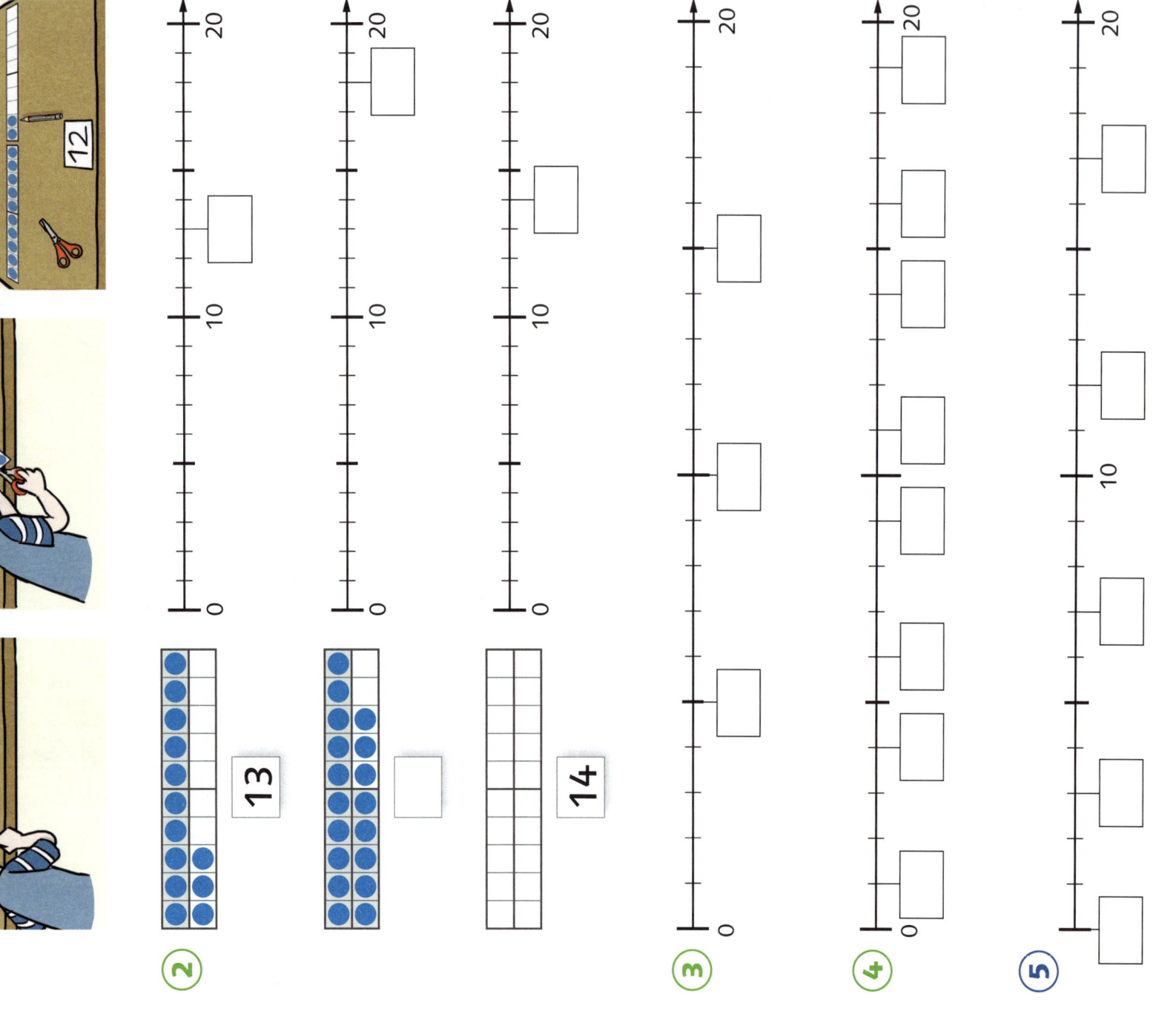

60

Der Zahlenstrahl

Von links nach rechts werden die Zahlen größer.

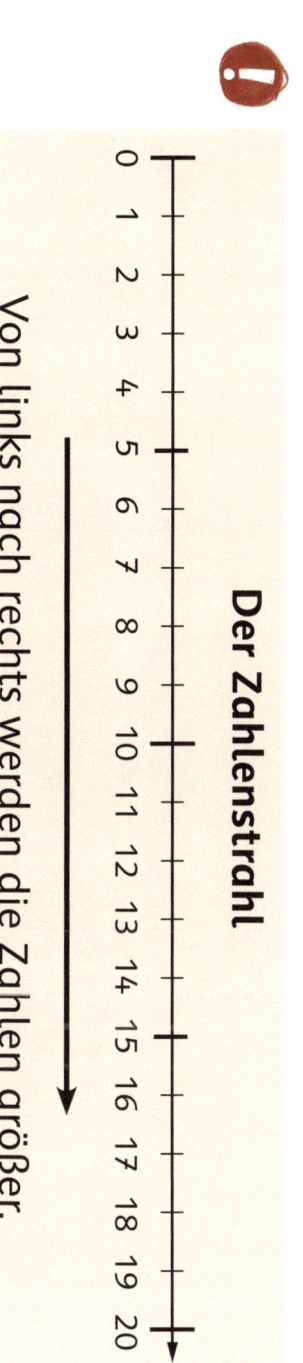

6

7 Setze fort. Trage ein.

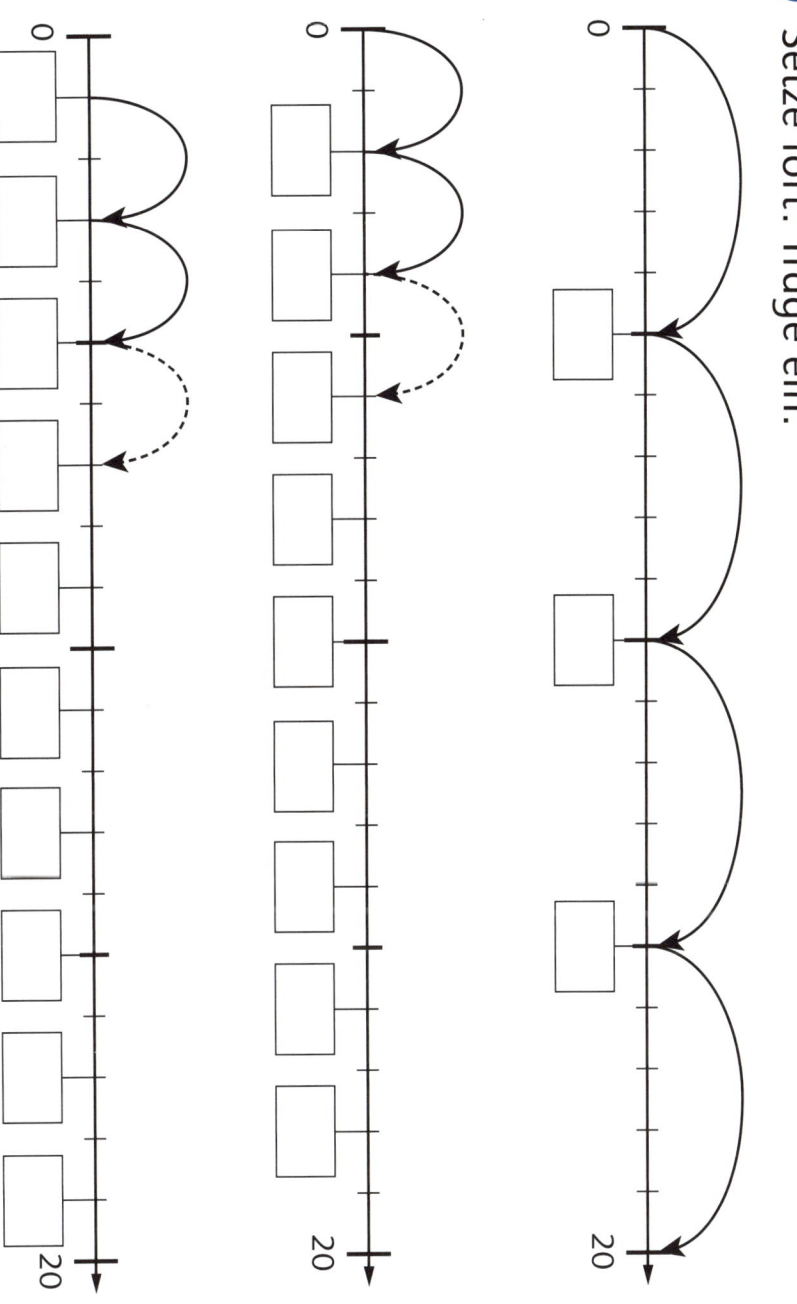

6 Ein Kind zeigt eine Position am Zahlenstrahl, das andere nennt die zugehörige Zahl; ein Kind nennt eine Zahl, das andere zeigt die Position der Zahl am Zahlenstrahl
7 Sprünge am Zahlenstrahl fortsetzen und beschriften

Zahlen vergleichen und ordnen

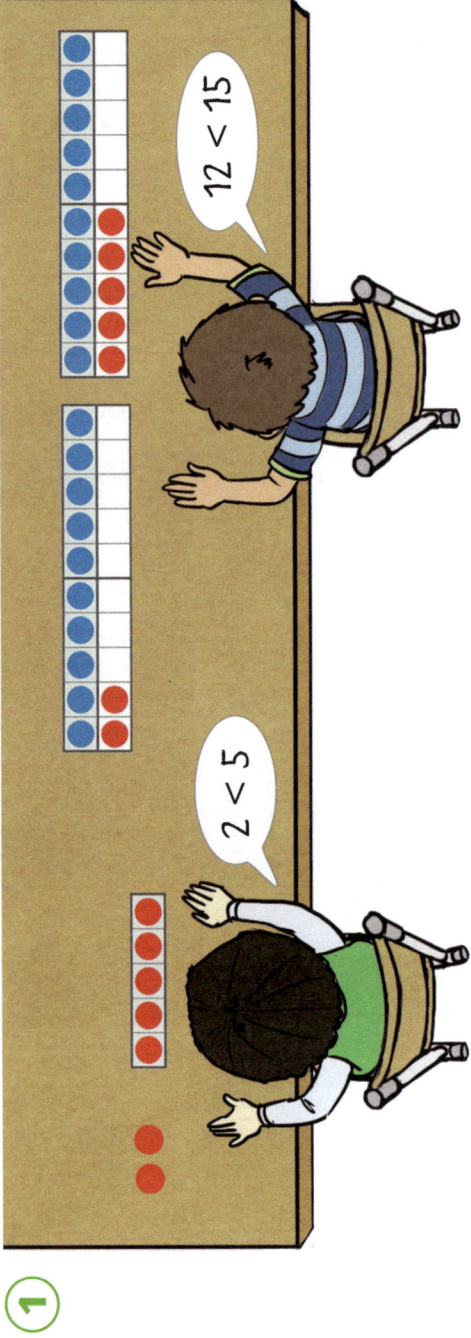

①

② Lege und vergleiche.

3 ◯ 6   7 ◯ 8   6 ◯ 2   7 ◯ 4
13 ◯ 16   17 ◯ 18   16 ◯ 12   17 ◯ 14

③ Setze <, > oder = ein.

11 ◯ 12   19 ◯ 13   20 ◯ 0   10 ◯ 10
13 ◯ 14   15 ◯ 15   18 ◯ 19   12 ◯ 11

④

|13| |10| |8| |16| |15| |9| |12| |19|

8 < ___ < ___ < ___ < ___   19 > ___ > ___ > ___ > ___

⑤ 10, 5, 12, 19, 13, 7   5 < ___ < ___ < ___ < ___ < ___

2, 20, 14, 4, 6, 16   ___ < ___ < ___ < ___ < ___ < ___

⑥ 11, 20, 18, 6, 16, 9   ___ > ___ > ___ > ___ > ___ > ___

7, 17, 11, 1, 13, 3   ___ > ___ > ___ > ___ > ___ > ___

62

1 bis 3 Begriffe, Symbole und Bedeutung der Relationen <, >, = wiederholen; Analogien zwischen dem 10er- und 20er-Zahlenraum erkennen und nutzen
4 bis 6 Bei Bedarf mit Zahlenkarten arbeiten

Ordnungszahlen

①

4. 7.

②

1. 2. 5.

③

1. ___ 2. ___
5. ___ 10. ___ 15. ___

④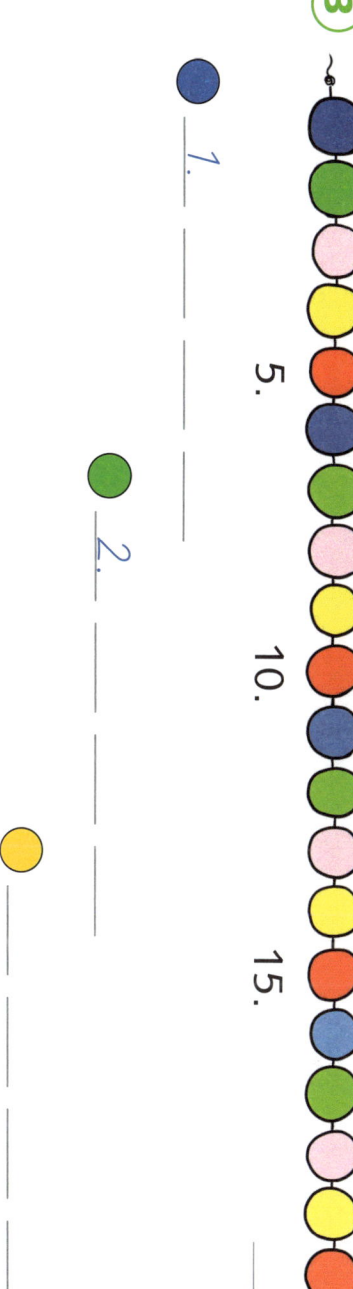

1.
10.

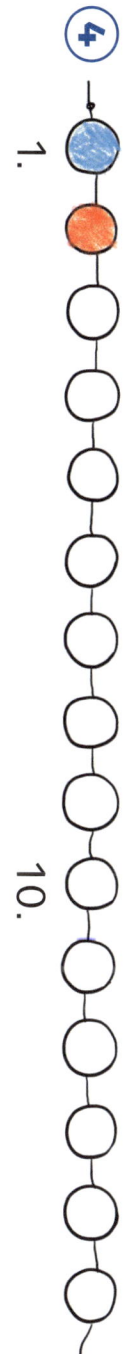 1., 5., 9., 13.
 2., 4., 6., 8., 10., 12., 14.
 3., 7., 11., 15.

Sprech- und Schreibweise bei Ordnungszahlen wiederholen
1 und 2 Kinder im Bild beschreiben, Ordnungszahlen nennen und eintragen; eigene Bilder zu Ordnungszahlen erfinden

Wiederholung

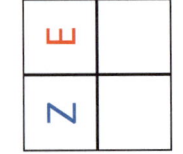

① 10 + 4 = ___

②
12 = 10 + ___   15 − 5 = ___   11 − ___ = 10
14 = 10 + ___   13 − 3 = ___   16 − ___ = 10
19 = 10 + ___   18 − 8 = ___   17 − ___ = 10

___ + ___ = ___

③

5 | |
  | 17

  | |
3 | 12

  | 10
  |

④ 0 — — — — — — — — — — 20

⑤ 6 | 2 | 10 | 16 | 20   0 | 7 | 13 | 1̶9̶ | 11

2 < ___ < ___ < ___   19 > ___ > ___ > ___

⑥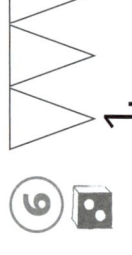

1.   5.

▶ 5., 10., 15., 20.
▶ 1., 2., 3., 4., 11., 12., 13., 14.
▶ 6., 7., 8., 9., 16., 17., 18., 19.

64   AH S.39 LSH S.8–10

Projekt: Daten erheben

1

2 Lies die Namen aller Kinder.
Achte auf die Buchstaben o, O und s, S.

o O ____

s S ____

Erforscht, welcher Buchstabe in den Namen am häufigsten ist.

In ____ Namen ist ein o oder ein O.

In ____ Namen ist ein s oder ein S.

3 Wir forschen in unserer Klasse.

1 und 2 Äußere Merkmale besprechen, im Bild aufsuchen, zählen und Strichlisten anlegen; Anzahl bestimmen **3** Eigene Fragen entwickeln, z. B.: Lieblingsessen, Lieblingssport, Haustiere; Strichlisten anfertigen, Plakat gestalten oder die Auswertung mit einem digitalen Werkzeug erstellen.

Rechnen im Zahlenraum bis 20 (I)

Addieren im Zahlenraum bis 20

①

"Ich sehe 4 + 3." "Ich sehe 14 + 3."

②

3 + 2 = ___   2 + 2 = ___   5 + 2 = ___
13 + 2 = ___   12 + 2 = ___   15 + 2 = ___

③

4 + 2 = ___   5 + 3 = ___   3 + 3 = ___
14 + ___ = ___ 15 + ___ = ___ 13 + ___ = ___

④

2 + ___ = ___   4 + ___ = ___   5 + ___ = ___
12 + ___ = ___ 14 + ___ = ___ 15 + ___ = ___

⑤
1 + 5 = ___   6 + 3 = ___   7 + 2 = ___
11 + 5 = ___   ___ + ___ = ___   ___ + ___ = ___

66

1 und 2 Zusammenhang zwischen kleiner und großer Aufgabe entdecken und nutzen
3 bis 5 Passende Aufgabenpaare bilden, Aufgaben rechnen; bei Bedarf Aufgaben legen

Jo-Jo

Mathematik 1
Lernspuren
Das kann ich schon

mit RECHEN-Strategien

Name:

Klasse:

Cornelsen

Der Zahlenraum bis 10

Datum:

①

②

③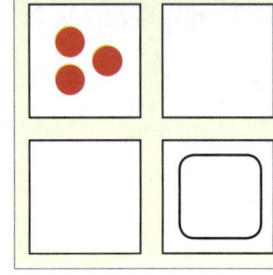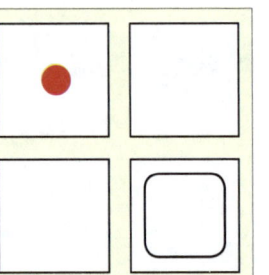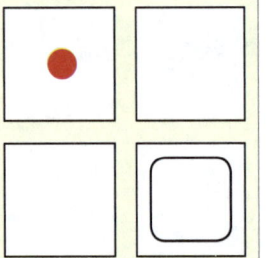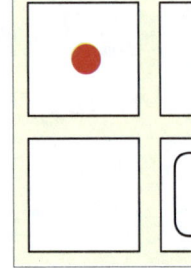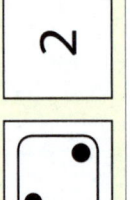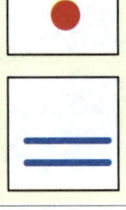

④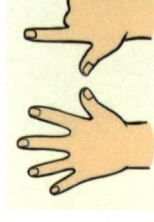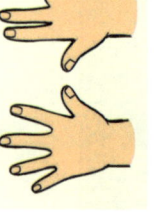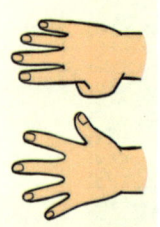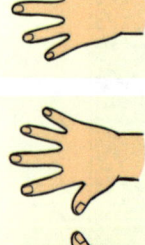

Diese Seite fand ich   ◯ leicht   ◯ mittel   ◯ schwer

Der Zahlenraum bis 10

Datum:

①

3 + __ = 5

2 + __ = 5

1 + __ = 5

②

__ + __ = 10

__ + __ = 7

__ + __ = 10

__ + __ = 7

③

| 4 | 4 + 0 | 3 + __ | __ + __ | __ + __ | __ + __ |

| 5 | 5 + __ | __ + __ | __ + __ | __ + __ | 0 + __ |

| 6 | 6 + __ | __ + __ | __ + __ | __ + __ | __ + __ | __ + __ |

| 7 | 7 + __ | __ + __ | __ + __ | __ + __ | __ + __ | __ + __ |

Diese Seite fand ich   ○ leicht   ○ mittel   ○ schwer

3

Der Zahlenraum bis 10

Datum:

① [ ] 1 2 [ ] [ ] [ ] [ ] [ ] [ ] [ ]
[ ] 10 9 [ ] [ ] [ ] [ ] [ ] [ ] [ ]

② 4 5 [ ] [ ] [ ] 8 7 [ ]

③

Vorgänger	Zahl	Nachfolger
	3	

2 [ ] 3 4 [ ]
[ ] 7

④ 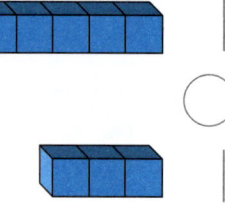 ○  ○ 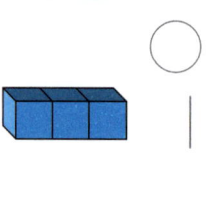 ○

⑤ 3 < 4   7 ○ 2   1 ○ 3   7 ○ 7
   8 ○ 6   5 ○ 5   9 ○ 8   6 ○ 8

⑥ 10, 6, 3, 5   3 < ___ < ___ < ___
   7, 2, 8, 4   8 > ___ > ___ > ___

Diese Seite fand ich   ○ leicht   ○ mittel   ○ schwer

4

Rechnen im Zahlenraum bis 10

Datum:

1

3 + 2 = ___   ___ + ___ = ___

2

5 + 2 = ___   ___ + ___ = ___   ___ + ___ = ___

1 + 4 = ___   6 + 1 = ___
3 + 2 = ___   4 + 4 = ___
2 + 3 = ___   3 + 5 = ___
0 + 5 = ___   2 + 5 = ___

3
3 + 0 = ___
3 + 1 = ___
3 + 2 = ___
3 + 3 = ___

4 Aufgabe und Tauschaufgabe. Male und rechne.

4 + 3 = ___   8 + 1 = ___   6 + 2 = ___
2 + 6 = ___   1 + 8 = ___   3 + 4 = ___

Diese Seite fand ich   O leicht   O mittel   O schwer

Rechnen im Zahlenraum bis 10

Datum:

1

6 − 2 = ___   ___ − ___ = ___

2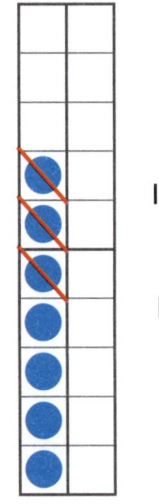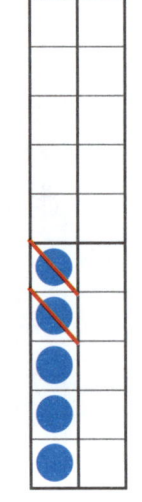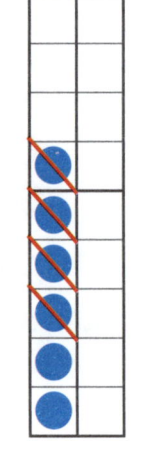

5 − 2 = ___   ___ − ___ = ___   ___ − ___ = ___

3
10 − 2 = ___   6 − 5 = ___   5 − 3 = ___
10 − 4 = ___   7 − 5 = ___   4 − 4 = ___
10 − 6 = ___   8 − 5 = ___   7 − 6 = ___
10 − 8 = ___   9 − 5 = ___   8 − 0 = ___

4

2 − 1 = ___   4 − 2 = ___   6 − 3 = ___   8 − 4 = ___
1 + 1 = ___   2 + 2 = ___   ___ + ___ = ___   ___ + ___ = ___

Diese Seite fand ich   ○ leicht   ○ mittel   ○ schwer

Rechnen im Zahlenraum bis 10

Datum:

1
1 + ___ = 3   5 + ___ = 10   ___ + 5 = 6
1 + ___ = 5   9 + ___ = 10   ___ + 5 = 7
1 + ___ = 8   7 + ___ = 10   ___ + 5 = 5
1 + ___ = 9   2 + ___ = 10   ___ + 5 = 8

2

(Dominoes: 5|4 and ___|8; 6|9 and ___|8; ___|6 with 2, ___|8)

3
5 − 0 = ___   2 + 2 = ___   6 − 3 = ___
5 − 1 = ___   3 + 2 = ___   5 − 3 = ___
5 − 2 = ___   4 + 2 = ___   4 − 3 = ___
5 − ___ = ___   ___ + ___ = ___   ___ − ___ = ___

4

④ 2+3 | ☐ | 8−3 | 1+3
⑤ ☐ | 4+2 | 7−2 | 6−2
⑥ ☐ | 4+0 | 1+5 | 8−2

Diese Seite fand ich   ○ leicht   ○ mittel   ○ schwer

7

Der Zahlenraum bis 20

Datum:

①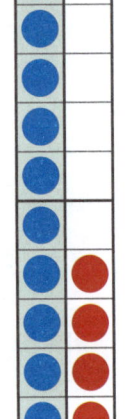

___ = 10 + ___   ___ = ___ + ___

② 12   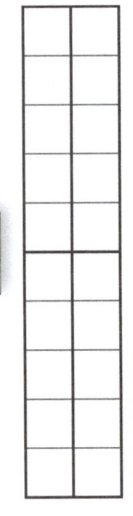   15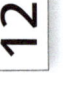

12 = ___ + ___   15 = ___ + ___

16      20

16 = ___ + ___   20 = ___ + ___

③
10 + 2 =   10 + 9 =   10 + ___ = 11
10 + 7 =   10 + 6 =   10 + ___ = 14
10 + 5 =   10 + 3 =   10 + ___ = 20

④
13 – 3 =   17 – ___ = 10   11 – ___ = 10
16 – 6 =   15 – ___ = 10   14 – ___ = 10
18 – 8 =   12 – ___ = 10   20 – ___ = 10

Diese Seite fand ich   ○ leicht   ○ mittel   ○ schwer

Der Zahlenraum bis 20

Datum:

①
1	2								10
11				15					20

② 2 12 4 14 7 17 9 19

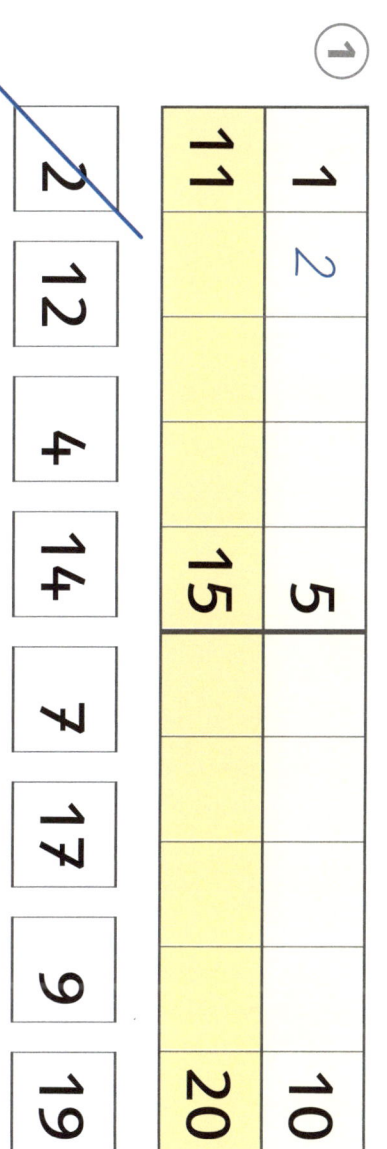

③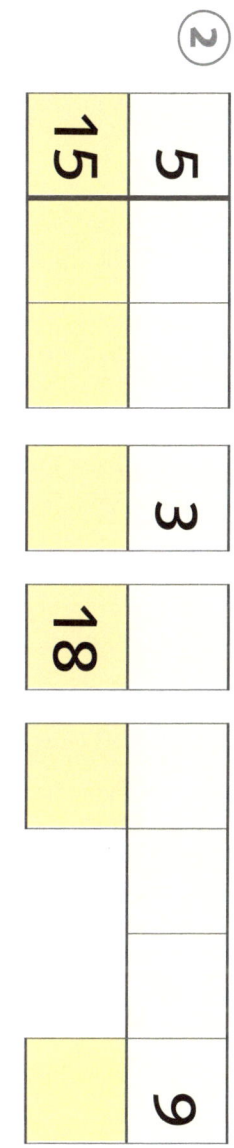

④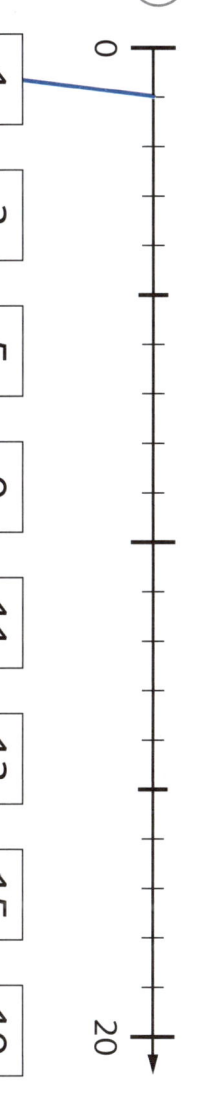

⑤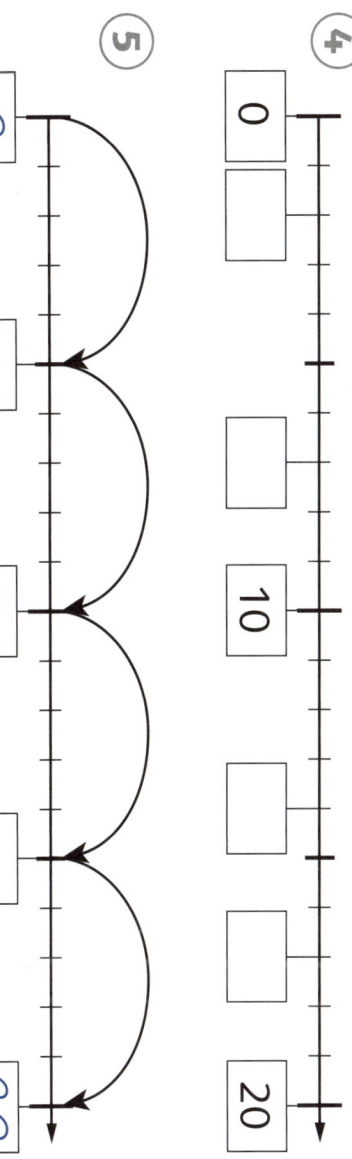

Diese Seite fand ich O leicht   O mittel   O schwer

Der Zahlenraum bis 20

Datum:

①  (<, =, >) 15 > 11   2 < 5   7 ◯ 3   9 ◯ 9
                                   17 ◯ 17 12 ◯ 15 17 ◯ 13 19 ◯ 19

② 19 ◯ 12   16 ◯ 13   14 ◯ 16
   13 ◯ 14   12 ◯ 11   15 ◯ 19

③ | 8 | 12 | 3 | 17 | __3__ < ___ < ___ < ___

④ | 5 | 14 | 19 | 2 | ___ < ___ < ___ < ___

   | 16 | 18 | 2 | 11 | __18__ > ___ > ___ > ___

   | 11 | 7 | 12 | 15 | ___ > ___ > ___ > ___

⑤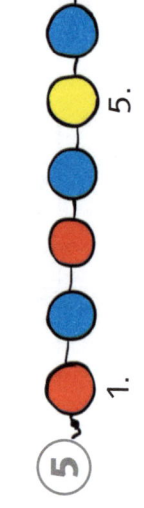

1. _____
   _____
   _____

5. _____

Diese Seite fand ich   ◯ leicht   ◯ mittel   ◯ schwer

Rechnen im Zahlenraum bis 20 (ohne ZÜ) Datum:

1)

5 + 3 = ___

15 + 3 = ___

4 + 2 = ___

___ + ___ = ___

6 − 5 = ___

___ − ___ = ___

2)

4 + 4 = ___

14 + ___ = ___

8 − 3 = ___

___ − ___ = ___

9 − 5 = ___

___ − ___ = ___

3) Aufgabe und Tauschaufgabe. Male und rechne.

4 + 12 = ___

3 + 16 = ___

5 + 13 = ___

13 + 5 = ___

16 + 3 = ___

12 + 4 = ___

4)

+	2	6	5
12			
14			

−	2	7	4
17			
19			

5) Simon hat ___ Stifte.
Seine Mutter gibt ihm 6 Stifte dazu.
Simon hat jetzt ___ Stifte.

Diese Seite fand ich   ○ leicht   ○ mittel   ○ schwer

11

Rechnen im Zahlenraum bis 20 (mit ZÜ)   Datum:

1
10 = 8 + ___   13 − ___ = 10   10 = 16 − ___
10 = 5 + ___   16 − ___ = 10   10 = ___ − 7

2
9 + 2 =   4 + 8 =   11 − 2 =
8 + 3 =   7 + 5 =   14 − 5 =
7 + 4 =   5 + 7 =   16 − 7 =
6 + 6 =   8 + 9 =   18 − 9 =

3

+	4	6	8
9			
6			

−	3	6	9
12			
15			

4 Rechne geschickt.
8 + 2 + 4 =   11 − 4 − 1 =
7 + 5 + 3 =   15 − 8 − 5 =
5 + 8 + 5 =   18 − 9 − 9 =

5 Wie viele Geschichten kann Toni noch lesen? ___

„Ich habe schon 8 Geschichten gelesen."

Diese Seite fand ich   ○ leicht   ○ mittel   ○ schwer

Rechnen im Zahlenraum bis 20

Datum:

1 Rechne und male.

10 + 7	8 + 5	13 + 4
14 − 6	20 − 3	20 − 7
7 + 6	9 + 8
19 − 2	15 − 7

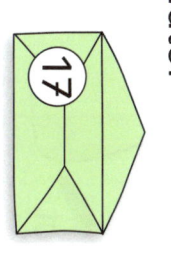 17
 8
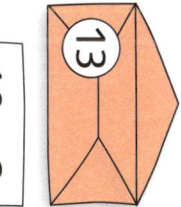 13

2

6 + 5 = __
__ + __ = __
__ − __ = __
__ − __ = __

(6) (5) (11)

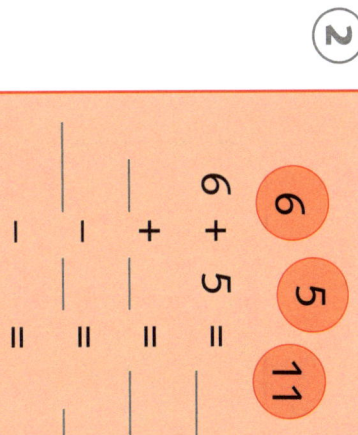

__ + __ = __
__ + __ = __
__ − __ = __
__ − __ = __

(8) (7) (15)

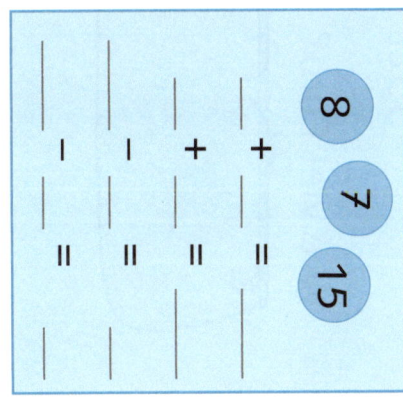

3

3, 4, 5

6, 8, 17

4

7 + __ < 10   8 + __ < 12   10 > 6 + __
7 + __ < 10   8 + __ < 12   10 > 6 + __
7 + __ < 10   8 + __ < 12   10 > 6 + __

Diese Seite fand ich   ○ leicht   ○ mittel   ○ schwer

13

Größe: Geld

Datum: _____

① **Wie viel Cent?**

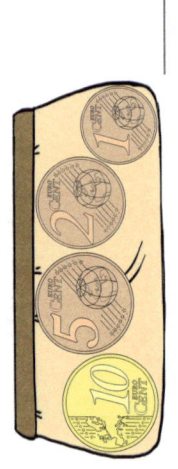
____ ct

____ ct

② **Zeichne unterschiedlich.**

| 15 ct |
| 15 ct |

③ **Wie viel Euro?**

____ €

____ €

④ **Ergänze jeweils auf 20 €.**

| 10 | | 10 | 2 |

⑤ **Ina kauft:**

  12 ct  5 ct

Es kostet zusammen ____ ct.

Diese Seite fand ich ○ leicht ○ mittel ○ schwer

14

Größe: Zeit

Datum:

①

12 Uhr 16 Uhr 5 Uhr

② Die Uhr zeigt am Vormittag:

____ Uhr   ____ Uhr   ____ Uhr

③ Zeichne die Zeiger ein.

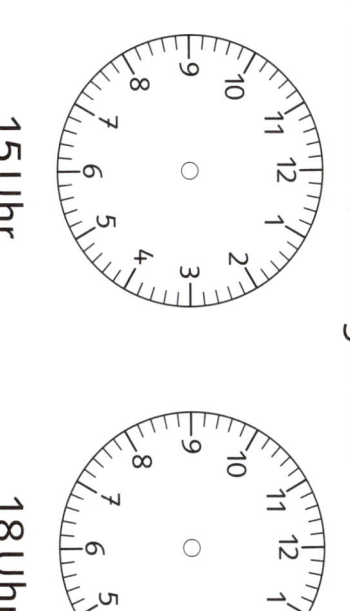

15 Uhr   18 Uhr   21 Uhr

④ Schreibe die Wochentage in der richtigen Reihenfolge.

Montag,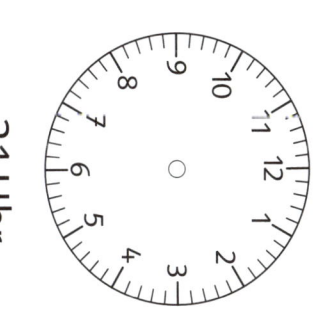

Diese Seite fand ich   ○ leicht   ○ mittel   ○ schwer

15

Geometrie: Körper

Datum:

① Verbinde.

 Würfel 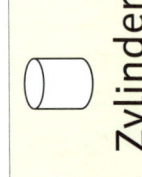 Quader 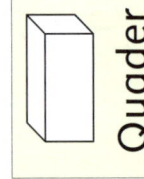 Zylinder ◯ Kugel

② Welche Körper können es sein?

... ist eckig	... ist rund	... kann rollen	... kann kippen
Würfel ☐	Quader ☐	Würfel ☐	Würfel ☐
Quader ☐	Zylinder ☐	Zylinder ☐	Quader ☐
Zylinder ☐	Kugel ☐	Kugel ☐	Kugel ☐

③ Zähle und male an.

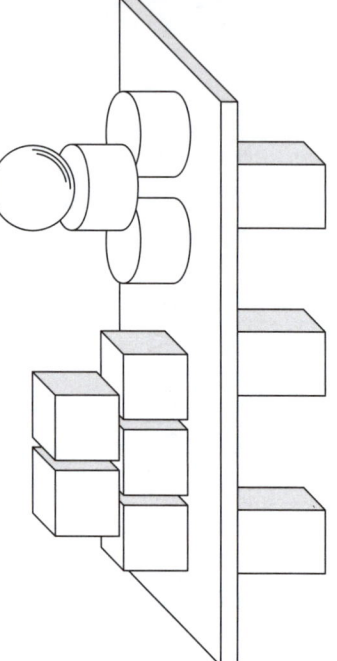

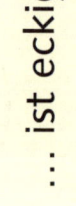 Würfel	___
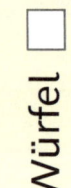 Quader	___
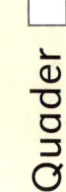 Zylinder	___
Kugel	___

Diese Seite fand ich ◯ leicht ◯ mittel ◯ schwer

16

Geometrie: Ebene Figuren

Datum:

1 Male aus und zähle.

Quadrat ___
Rechteck ___
Dreieck ___
Kreis ___

2 Was kann es sein?

… ist rund
Quadrat ☐
Rechteck ☐
Dreieck ☐
Kreis ☐

… hat 4 Ecken
Quadrat ☐
Rechteck ☐
Dreieck ☐
Kreis ☐

… hat 3 Seiten
Quadrat ☐
Rechteck ☐
Dreieck ☐
Kreis ☐

3 Setze fort.

4 Suche den Fehler. Kreise ein.

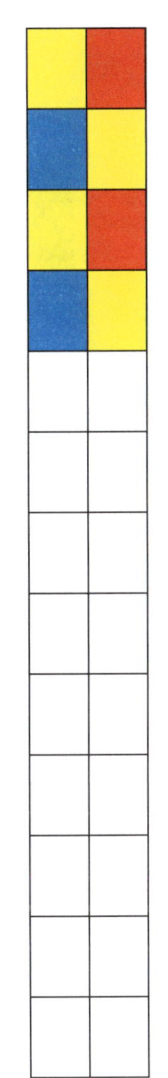

Diese Seite fand ich   ○ leicht   ○ mittel   ○ schwer

17

Geometrie: Symmetrie

Datum:

1 Finde das Spiegelbild.

 ☐  ☐  ☒  ☐  ☐

2 Welche Marienkäfer sind symmetrisch?

 ☐  ☒  ☐  ☐  ☐

3 Welche Schmetterlinge sind symmetrisch?

 ☐  ☐  ☒  ☐  ☐

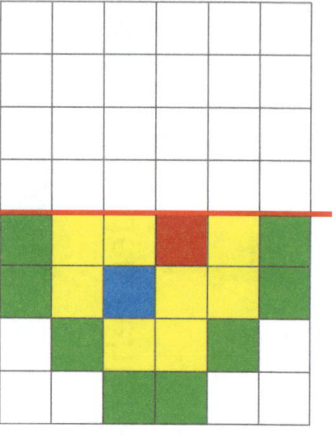

4 Spiegle.

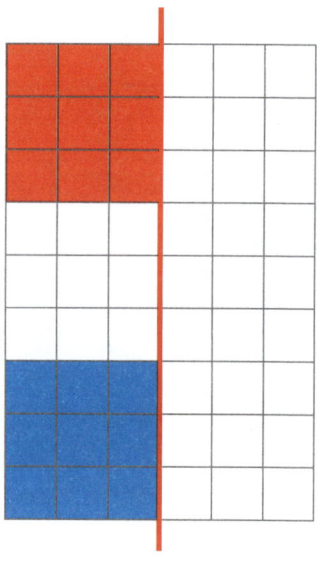

Diese Seite fand ich ○ leicht ○ mittel ○ schwer

18

Daten erheben und darstellen

Datum:

1 Ergänze.

Lieblingshaustiere unserer Klasse				
	Hund	Katze	Vogel	Hase	anderes Tier
Mädchen	II	IIII		III	
Jungen	IIII	III	I	III	II
zusammen				4	

2 Zeichne das Diagramm.

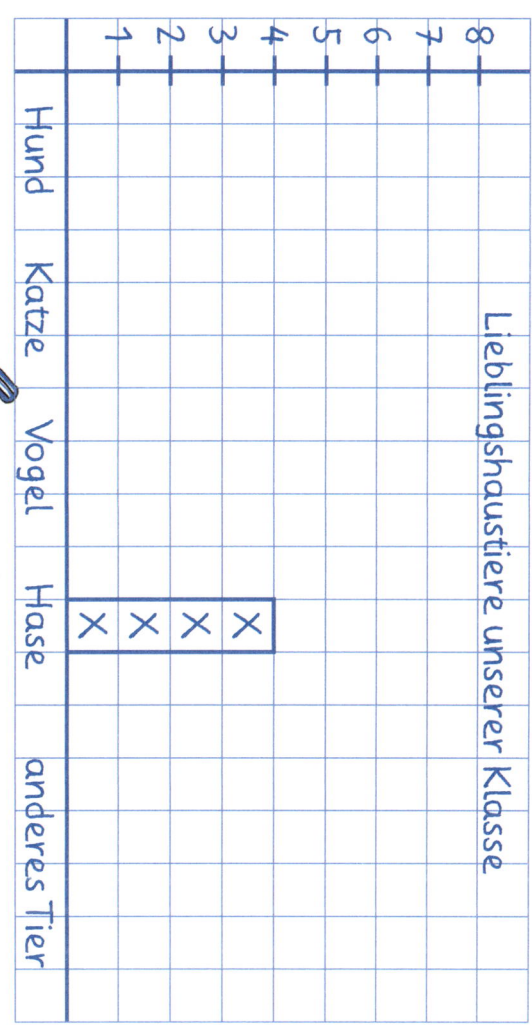

3 Was stimmt?
Es sind 20 Kinder in der Klasse. ☐
Es sind weniger Jungen als Mädchen in der Klasse. ☐
Das Lieblingshaustier der Klasse ist ein Hund. ☐
Ein Vogel wurde nicht genannt. ☐

Diese Seite fand ich ○ leicht ○ mittel ○ schwer

Zahlen und Operationen

Vorlage zum Führen individueller Kompetenzgespräche

Schreibe zusammen mit deiner Lehrerin/ deinem Lehrer auf, was du schon kannst.

Zahldarstellungen und Zahlbeziehungen verstehen	Datum/Anmerkungen
Ich kann Anzahlen von 1 bis 10 erkennen und auf unterschiedliche Weise darstellen.	○
Ich kann die Zahlen bis 10 lesen, schreiben und sprechen.	○
Ich kann im Zahlenraum bis 10 vorwärts und rückwärts zählen.	○
Ich kann Zahlen bis 10 unterschiedlich zerlegen.	○
Ich kann Anzahlen bis 20 in verschiedenen Darstellungen erkennen.	○
Ich kann Anzahlen bis 20 auf unterschiedliche Weise darstellen.	○
Ich kann die Zahlen bis 20 lesen, schreiben und sprechen.	○
Ich kann im Zahlenraum bis 20 vorwärts und rückwärts zählen.	○
Ich kann Vorgänger und Nachfolger zu den Zahlen bis 20 angeben.	○
Ich kann Zahlen bis 20 vergleichen und die Zeichen <, =, > richtig verwenden.	○
Ich kann Zahlen bis 20 der Größe nach ordnen.	○
Ich kann Zahlen im Zahlenraum bis 20 verdoppeln und halbieren.	○
Ich kann Zahlen bis 20 in der Zwanzigertafel auffinden und ergänzen.	○
Ich kann Zahlen am Zahlenstrahl zeigen und eintragen.	○
Ich kann Zahlen als Ordnungszahlen verwenden.	○

Zahlen und Operationen

Rechenoperationen verstehen und beherrschen		Datum/Anmerkungen
Ich kann Plusaufgaben im Zahlenraum bis 10 rechnen.	○	
Ich kann Minusaufgaben im Zahlenraum bis 10 rechnen.	○	
Ich kann Ergänzungsaufgaben im Zahlenraum bis 10 rechnen.	○	
Ich kann Plusaufgaben im Zahlenraum bis 20 ohne Zehnerübergang rechnen.	○	
Ich kann Minusaufgaben im Zahlenraum bis 20 ohne Zehnerübergang rechnen.	○	
Ich kann zu Aufgaben die Umkehraufgaben bilden.	○	
Ich kann Plusaufgaben im Zahlenraum bis 20 mit Zehnerübergang rechnen.	○	
Ich kann Minusaufgaben im Zahlenraum bis 20 mit Zehnerübergang rechnen.	○	
Ich kann beim Addieren die Tauschaufgabe als Rechenvorteil nutzen.	○	
Ich kann Plusaufgaben mit oder ohne Zehnerübergang vor dem Rechnen erkennen.	○	
Ich kann Minusaufgaben mit oder ohne Zehnerübergang vor dem Rechnen erkennen.	○	
Ich kann zu Ungleichungen passende Lösungen finden.	○	

In Kontexten rechnen		Datum/Anmerkungen
Ich kann zu Bildern und Rechengeschichten passende Plus- und Minusaufgaben finden und lösen.	○	
Ich kann zu Bildern und Daten eigene Rechengeschichten schreiben und lösen.	○	

Raum und Form

Sich im Raum orientieren		Datum/Anmerkungen
Ich kann die Lagebeziehungen rechts, links, oben, unten, über, unter, hinter, vor, neben und zwischen erkennen und anwenden.	○	
Ich kann die Lage von Dingen im Raum aus eigener Sicht erkennen und beschreiben.	○	
Ich kann die Lage von Dingen im Raum aus anderen Perspektiven erkennen und beschreiben.	○	
Ich kann nach Anleitung legen, bauen und falten.	○	

Geometrische Figuren erkennen, benennen und darstellen		Datum/Anmerkungen
Ich kann geometrische Körper und ebene Figuren benennen.	○	
Ich kann Würfel, Quader, Zylinder und Kugel unterscheiden und beschreiben.	○	
Ich kann Quadrat, Rechteck, Dreieck und Kreis unterscheiden und beschreiben.	○	
Ich kann mit und ohne Vorlage aus geometrischen Körpern Gebäude bauen.	○	
Ich kann mit und ohne Vorlage aus ebenen Formen Figuren legen.	○	

Einfache geometrische Abbildungen erkennen, benennen und darstellen		Datum/Anmerkungen
Ich kann Symmetrien erkennen.	○	
Ich kann Fehler in fehlerhaften Spiegelbildern erkennen.	○	
Ich kann Teilfiguren zu achsensymmetrischen Figuren ergänzen.	○	
Ich kann symmetrische Muster in unterschiedliche Richtungen fortsetzen.	○	

Größen und Messen

Größenvorstellungen besitzen

	Datum/Anmerkungen
Ich kann zwischen der Anzahl von Münzen/Scheinen und dem Wert von Geldbeträgen unterscheiden.	○
Ich kann die Einheiten Euro und Cent und die Zeichen € und ct unterscheiden.	○
Ich kann Cent-Beträge angeben und mit unterschiedlichen Münzen darstellen.	○
Ich kann Euro-Beträge angeben und unterschiedlich darstellen.	○
Ich kann die Vor- und Nachmittagsuhrzeiten ablesen und darstellen.	○
Ich kann die Wochentage in der richtigen Reihenfolge nennen.	○
Ich kann die Monate in der richtigen Reihenfolge nennen.	○

Mit Größen in Sachsituationen umgehen

	Datum/Anmerkungen
Ich kann Rechengeschichten mit Geld lösen.	○
Ich kann eigene Rechengeschichten mit Geld erfinden und lösen.	○

Daten, Häufigkeit und Wahrscheinlichkeit

Daten erfassen und darstellen

	Datum/Anmerkungen
Ich kann aus Tabellen, Strichlisten und Diagrammen Informationen entnehmen.	○
Ich kann mit Hilfe eines Diagramms Fragen beantworten.	○
Ich kann Daten sammeln und in Form einer Strichliste darstellen.	○
Ich kann Daten in einer Tabelle darstellen.	○
Ich kann Daten aus einer Tabelle in einem Schaubild veranschaulichen.	○

Der Zahlenraum bis 10	Anzahlen darstellen		2
	Zahlzerlegungen		3
	Zahlenreihe; Zahlen vergleichen und ordnen		4
Rechnen im Zahlenraum bis 10	Addition		5
	Subtraktion		6
	Addition und Subtraktion		7
Körper	Geometrie: Körper		16
Der Zahlenraum bis 20	Zehner und Einer; Zwanzigerfeld		8
	Zwanzigertafel und Zahlenstrahl		9
	Zahlen vergleichen und ordnen; Ordnungszahlen		10
Rechnen im Zahlenraum bis 20 (I)	Rechnen ohne Zehnerübergang		11
Ebene Figuren	Geometrie: Ebene Figuren		17
Rechnen im Zahlenraum bis 20 (II)	Rechnen mit Zehnerübergang		12
	Größe: Geld		14
Symmetrie	Geometrie: Symmetrie		18
Rechnen im Zahlenraum bis 20 (III)	Rechnen mit Zehnerübergang		13
Zeit und Kalender	Größe: Zeit		15
	Daten erheben und darstellen		19
Vorlage zum Führen individueller Kompetenzgespräche	Zahlen und Operationen		20/21
	Raum und Form		22
	Größen und Messen		23
	Daten, Häufigkeit, Wahrscheinlichkeit		23

Jo-Jo Mathematik 1 Lernspurenheft

Erarbeitet von Joachim Becherer, Martin Gmeiner, Mechthild Schmitz, Dr. Andrea Schulz, Franziska Stolze, Heike Wadehn; Redaktion: Claudia Thomas-Johansson, Agnetha Heidtmann
Illustrationen: Doris Umschaden (Kinder und Hund nach Entwürfen von Imke Sönnichsen-Kerres), Imke Sönnichsen-Kerres (Jojo)
Gesamtgestaltung und Layoutkonzept: Heike Börner
Layout und technische Umsetzung: Marion Röhr, Mega 14
Grafik: Christine Wächter (Geld)

Dieses Heft ist Bestandteil des Schülerbuchs Jo-Jo Mathematik 1 (ISBN 978-3-06-082252-2) und nicht einzeln bestellbar. Es kann im 10er-Pack nachbestellt werden (ISBN 978-3-06-082920-0).

RECHENSTRATEGIE
Kleine Aufgabe – Große Aufgabe

Nutze die kleine Aufgabe.

14 + 3 = 17,
denn 4 + 3 = 7

17 − 3 = 14,
denn 7 − 3 = 4

© 2017 Cornelsen Verlag GmbH, Berlin
Alle Rechte vorbehalten.

6 Ergänze die kleine Aufgabe.

11 + 3 = __   12 + 4 = __   14 + 5 = __
_1_ + _3_ = __   __ + __ = __   __ + __ = __

15 + 2 = __   13 + 5 = __   12 + 7 = __
__ + __ = __   __ + __ = __   __ + __ = __

7 Kleine Aufgabe – große Aufgabe. Male und rechne.

2 + 6 = __	3 + 4 = __	17 + 2 = __
12 + 5 = __	13 + 4 = __
2 + 5 = __	5 + 4 = __	13 + 4 = __
16 + 3 = __		
6 + 3 = __	7 + 2 = __	15 + 4 = __
12 + 6 = __		

8
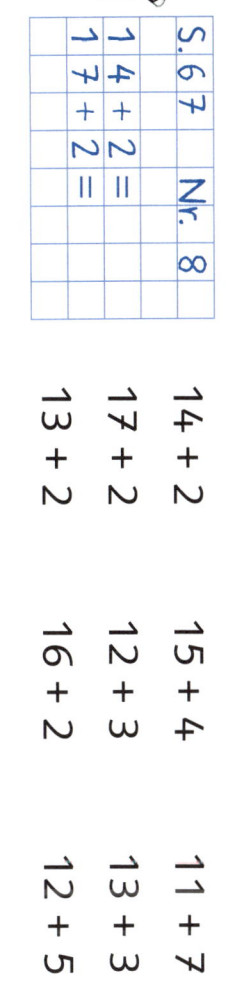

S. 67   Nr. 8

| 1 | 4 | + | 2 | = | |
| 1 | 7 | + | 2 | = | |

14 + 2   15 + 4   11 + 7
17 + 2   12 + 3   13 + 3
13 + 2   16 + 2   12 + 5

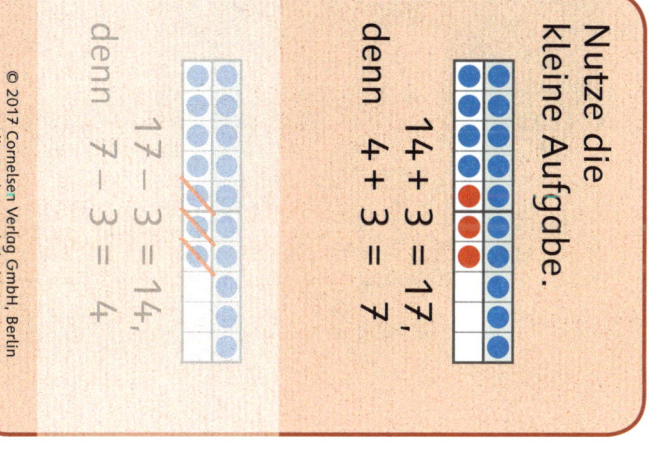

Tauschaufgaben

①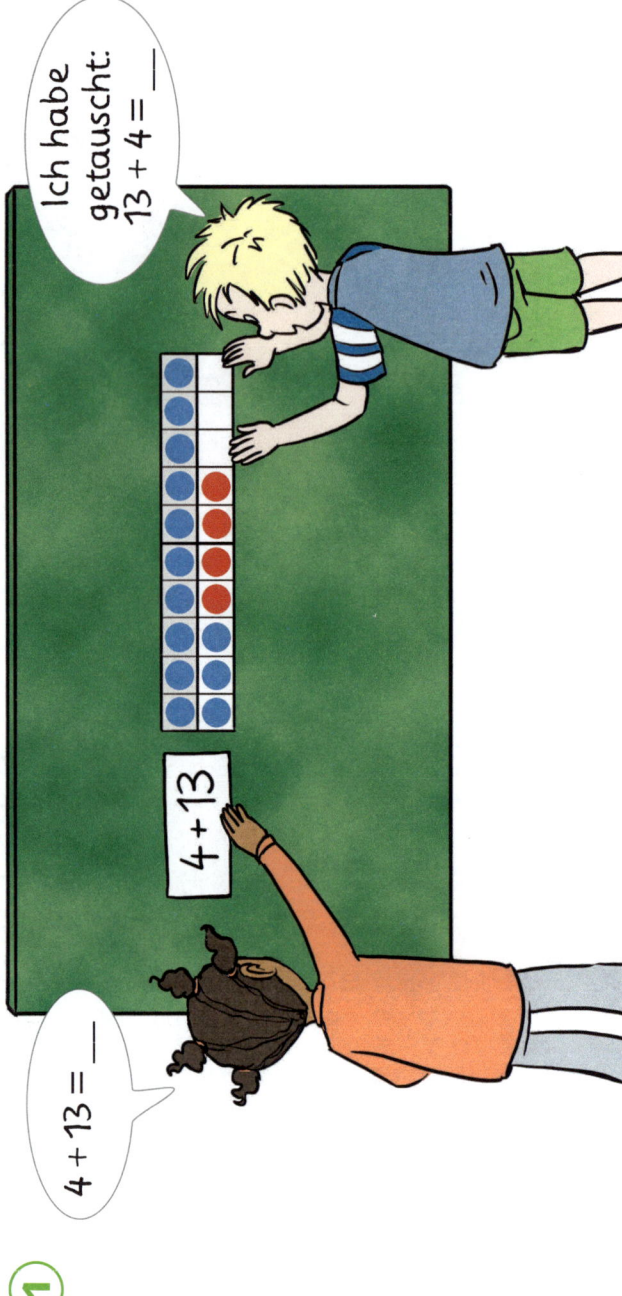

„Ich habe getauscht: 13 + 4 = ___"

„4 + 13 = ___"

② Suche die Tauschaufgabe. Male und rechne.

4 + 11 = ___	13 + 6 = ___	4 + 14 = ___
7 + 12 = ___	11 + 4 = ___	8 + 12 = ___
6 + 13 = ___	16 + 2 = ___	3 + 13 = ___
2 + 16 = ___	12 + 7 = ___	4 + 16 = ___
		12 + 8 = ___
		14 + 4 = ___
		16 + 4 = ___
		13 + 3 = ___

„Ich tausche. Das Ergebnis bleibt gleich."

Aufgabe: 3 + 16 = 19
Tauschaufgabe: 16 + 3 = 19

③ Wo hilft dir die Tauschaufgabe?

2 + 16 = ___ ☐	2 + 14 = ___ ☐	13 + 5 = ___ ☐
10 + 10 = ___ ☐	15 + 4 = ___ ☐	5 + 15 = ___ ☐
7 + 13 = ___ ☐	4 + 13 = ___ ☐	12 + 6 = ___ ☐

Entdecken, wo die Tauschaufgabe zum Lösen hilfreich sein kann

Rechnen mit Tabellen

Mit Tabellen arbeiten

$4 + 3 = 7$
$4 + 2 =$
$7 + 3 =$
$7 + 2 =$

+	3	2
4	7	
7		

1

2

+	2	4
10		
12		

+	3	5
10		
12		

+	6	7
10		
12		

3

+	2	3
11		
15		

+	2	3
13		
14		

+	4	2
13		
15		

4

+	2	6
11		
14		

+	2	1
17		
18		

+	4	5
13		
15		

5

+		7
10		
12	18	

+	5	
13		
11		19

Subtrahieren im Zahlenraum bis 20

1

Ich sehe 5 – 2.

Ich sehe 15 – 2.

2

4 – 2 =   6 – 3 =   7 – 4 =
14 – 2 = 16 – 3 = 17 – 4 =

3

3 – 2 =   5 – 3 =   6 – 4 =
13 – __ = __   15 – __ = __   16 – __ = __

4

4 – __ =   5 – __ =
14 – __ = __   15 – __ = __

5

3 – 1 =   8 – 5 =   7 – 3 =
13 – 1 = __   __ – __ = __   __ – __ = __

70

1 und 2 Zusammenhang zwischen kleiner und großer Aufgabe entdecken und nutzen
3 bis 5 Passende Aufgabenpaare bilden, Aufgaben rechnen; bei Bedarf Aufgaben legen

RECHENSTRATEGIE

Kleine Aufgabe – Große Aufgabe

Nutze die kleine Aufgabe.

14 + 3 = 17,
denn 4 + 3 = 7

17 − 3 = 14,
denn 7 − 3 = 4

© 2017 Cornelsen Verlag GmbH, Berlin
Alle Rechte vorbehalten.

6 Ergänze die kleine Aufgabe.

12 − 1 = ___   17 − 2 = ___   16 − 4 = ___
 2 − 1 = ___   ___ − ___ = ___   ___ − ___ = ___

19 − 5 = ___   17 − 6 = ___   18 − 2 = ___
___ − ___ = ___   ___ − ___ = ___   ___ − ___ = ___

7 Kleine Aufgabe – große Aufgabe. Male und rechne.

3 − 2 = ___	14 − 1 = ___	8 − 3 = ___	19 − 3 = ___
4 − 1 = ___	17 − 5 = ___	9 − 7 = ___	18 − 3 = ___
7 − 5 = ___	13 − 2 = ___	9 − 3 = ___	19 − 7 = ___

8

−	2	3
14		
15		

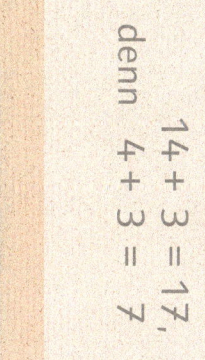

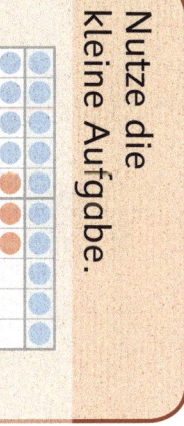

Immer wieder Zusammenhang zwischen kleiner und großer Aufgabe herstellen und begründen

Legen und rechnen mit Geld

Info
1 Cent
1 ct

① Lege nach und zähle.

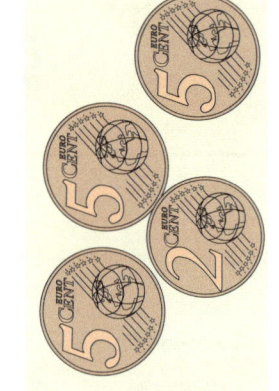 

_____ ct   _____ ct

②

 15 ct   [   ] 15 ct   [   ] 15 ct

③

[10   5] 20 ct   [   ] 20 ct

④ Wo ist mehr?

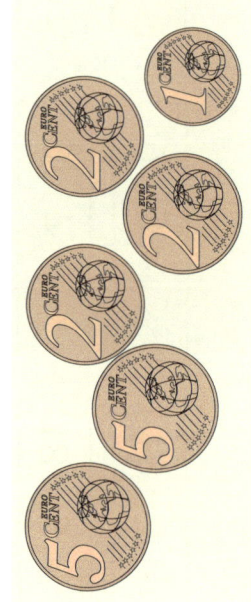 ☐    ☐

_____ ct   _____ ct

c	t	c	t	c	t

72

1 Unterschied zwischen Anzahl und Wert thematisieren; beim Zusammenzählen mit dem größten Münzwert beginnen 2 und 3 verschiedene Legeweisen ausprobieren 4 Thematisieren: Mehr Münzen bedeuten nicht mehr Geld

5 Lege nach und zähle.

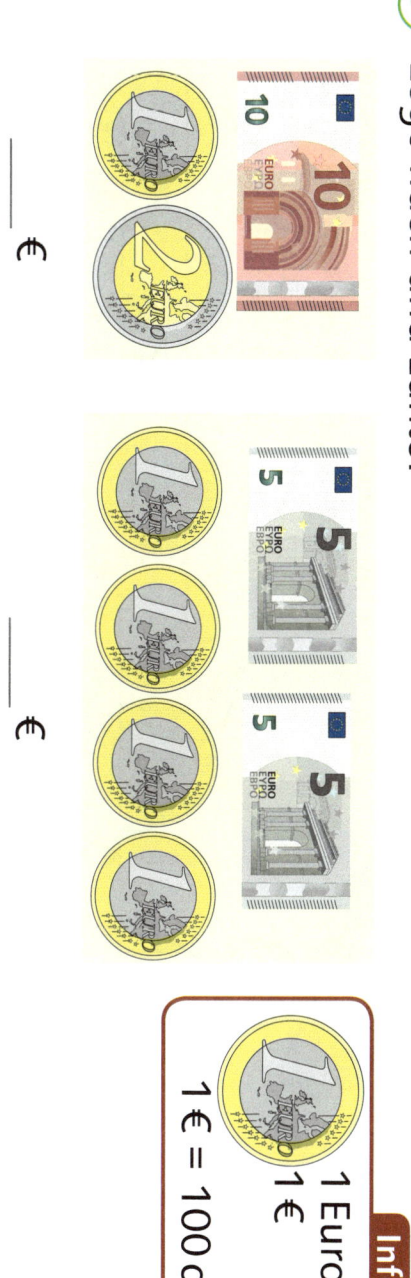

_____ € _____ €

6

5	
○	○

13 €

13 €

5	

13 €

7

| 10 | |

20 €

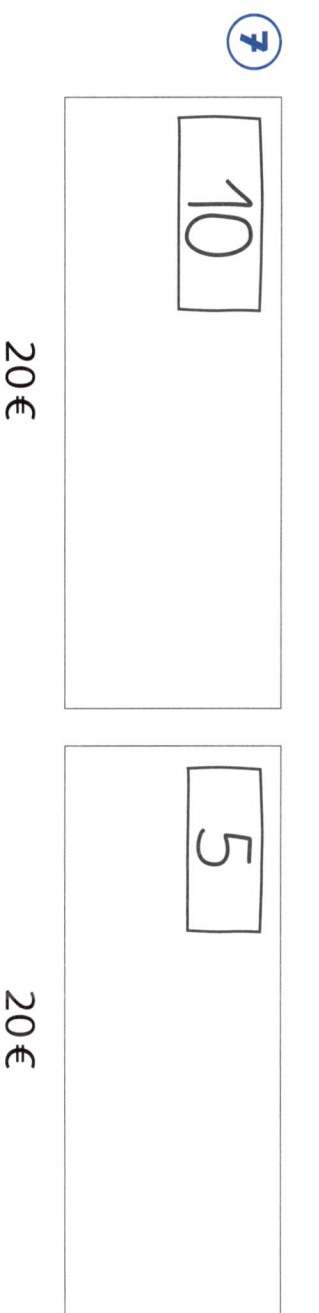

20 €

8 Ordne. Beginne mit dem kleinsten Betrag.

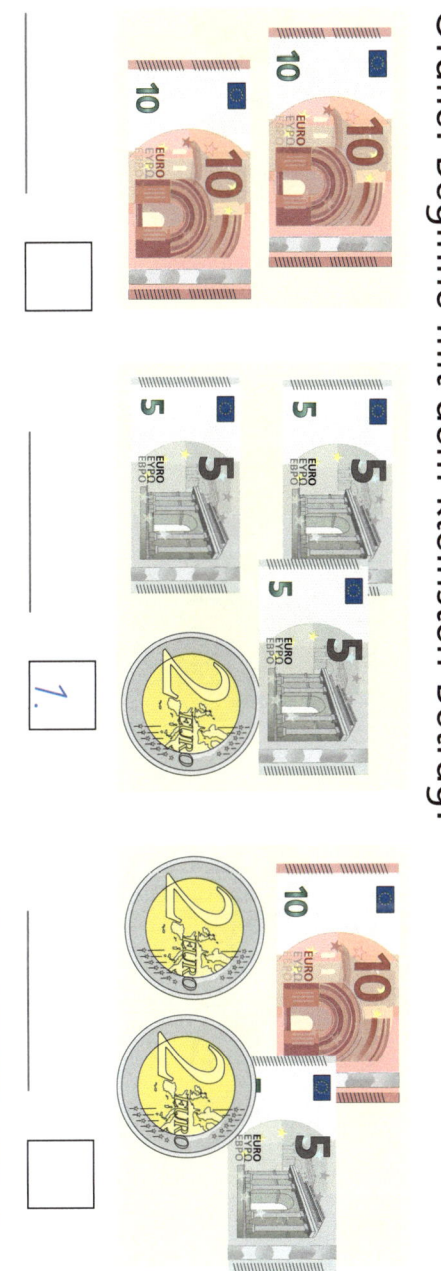

☐   ☐   1.   ☐

€ €								€ € €

Info
1 Euro
1 €
1 € = 100 ct

5 Beim Zusammenzählen mit dem größten Wert beginnen Legeweisen ausprobieren, dabei mit Rechengeld arbeiten **6 und 7** Verschiedene die Einheit achten, vergleichen, ordnen, Reihenfolge durchnummerieren **8** Beträge bestimmen und auf

Arbeitsheft S. 43

73

Sachrechnen mit Geld

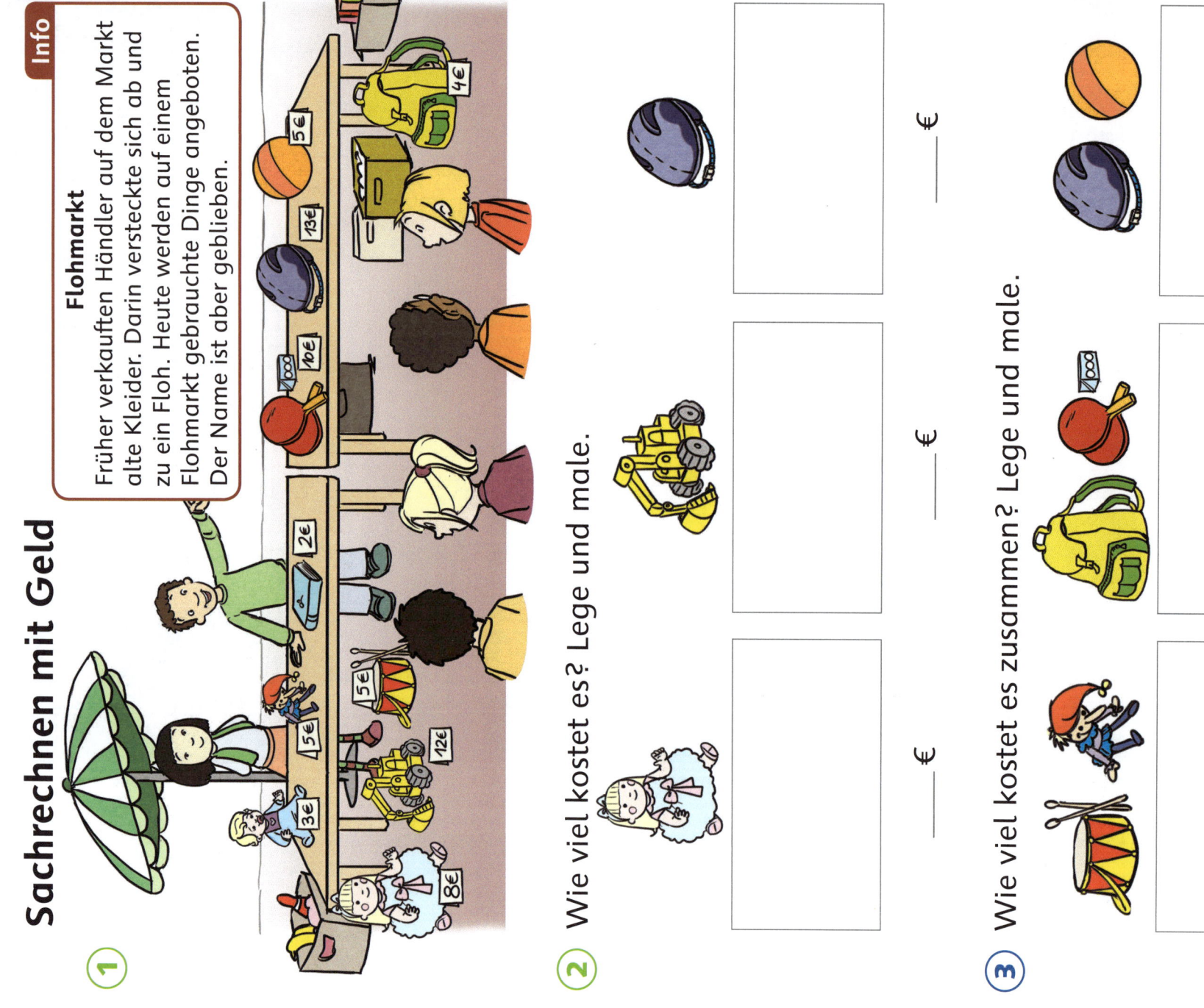

Info
Flohmarkt

Früher verkauften Händler auf dem Markt alte Kleider. Darin versteckte sich ab und zu ein Floh. Heute werden auf einem Flohmarkt gebrauchte Dinge angeboten. Der Name ist aber geblieben.

1

2 Wie viel kostet es? Lege und male.

____ €   ____ €   ____ €

3 Wie viel kostet es zusammen? Lege und male.

____ €   ____ €   ____ €

Einkaufssituation verstehen und nachspielen: Dinge auswählen, bezahlen, Restgeld erhalten; Einkauf als Tausch: Ware und Geld müssen gleich viel wert sein, damit der Tausch zustande kommt **2 und 3** Beträge mit Rechengeld legen und malen

74

④  Nina kauft:

Sie gibt:

Sie bekommt zurück: _____

⑤  Lara kauft:

Sie gibt:

Sie bekommt zurück: _____

Nils kauft:

Er gibt:

Er bekommt zurück: _____

Simon kauft:

Er gibt:

Er bekommt zurück: _____

⑥ Du hast 15 €. Welche drei Sachen kaufst du?

_____

⑦ Bringt selbst Spielzeug mit und spielt Flohmarkt. Erzählt Rechengeschichten.

Wiederholung

1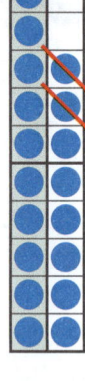

2 + 3 = ___   7 + 2 = ___   8 – ___ = ___

12 + ___ = ___   17 + ___ = ___   18 – ___ = ___

2 Ergänze die kleine Aufgabe.

14 + 5 = ___   15 – 3 = ___   19 – 6 = ___

___ + ___ = ___   ___ – ___ = ___   ___ – ___ = ___

3 Wo hilft dir die Tauschaufgabe? ☒

2 + 11 = ☐   15 + 2 = ☐   16 + 4 = ☐

6 + 12 = ☐   13 + 3 = ☐   5 + 13 = ☐

4

+	3	4
13		
15		

–	4	7
18		
19		

+	6	
14		
12	16	

5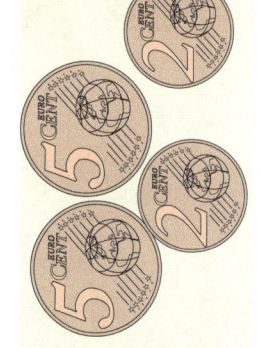

_____ ct

6 Lege und male.

Nina kauft:

Sie gibt:

Sie bekommt zurück:

Projekt: Mit dem Würfel spielen

① Auf und ab – wer ist zuerst bei 20?

Info

Spielwürfel gab es schon vor mehr als 5000 Jahren. Sie wurden für Glücksspiele und zum Wahrsagen verwendet. Die Würfelpunkte nennt man auch Augen.

Spielregeln:
- Beginnt bei 10.
- Wer 1, 2 oder 3 würfelt, geht abwärts.
- Wer 4, 5 oder 6 würfelt, geht aufwärts.

② Wie sind die Augen beim Spielwürfel angeordnet? Male und zähle zusammen.

oben ☐   vorn ☐   rechts ☐
unten ☐   hinten ☐   links ☐

Augenanzahl _____

③ Würfelt und beschreibt. Wie viele Augen sind oben – unten, vorn – hinten, rechts – links?

④ Spielt das Spiel noch einmal. Jetzt gilt die Augenzahl, die unten liegt. Dreht den Würfel nicht um.

Erfahrungen mit dem Spielwürfel sammeln; Anordnung der Seiten beim Würfel entdecken; Summe der Augenzahlen der gegenüberliegenden Seiten

77

Ebene Figuren

Quadrat, Rechteck, Dreieck, Kreis

① Flächenformen

"Seite auf Seite"
"Ecke auf Ecke"

② Was stimmt? ☒

△ hat Ecken ☐
☐ ist rund 
◯ ist rund ☐ 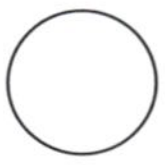
☐ ist eckig

△ hat 4 Ecken ☐
◯ hat keine Ecken ☐ 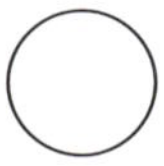
☐ hat 4 gleich lange Seiten 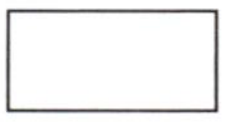
☐ hat 4 gleich lange Seiten

1 Stationen im Klassenzimmer aufbauen, grundlegende Eigenschaften der Flächen entdecken und beschreiben

78

③ Male aus.

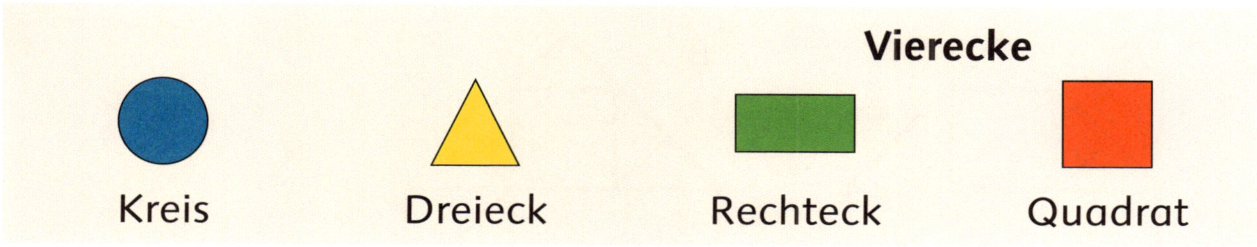

④ Male aus und zähle.

Vierecke

Kreis

Dreieck

Rechteck

Quadrat

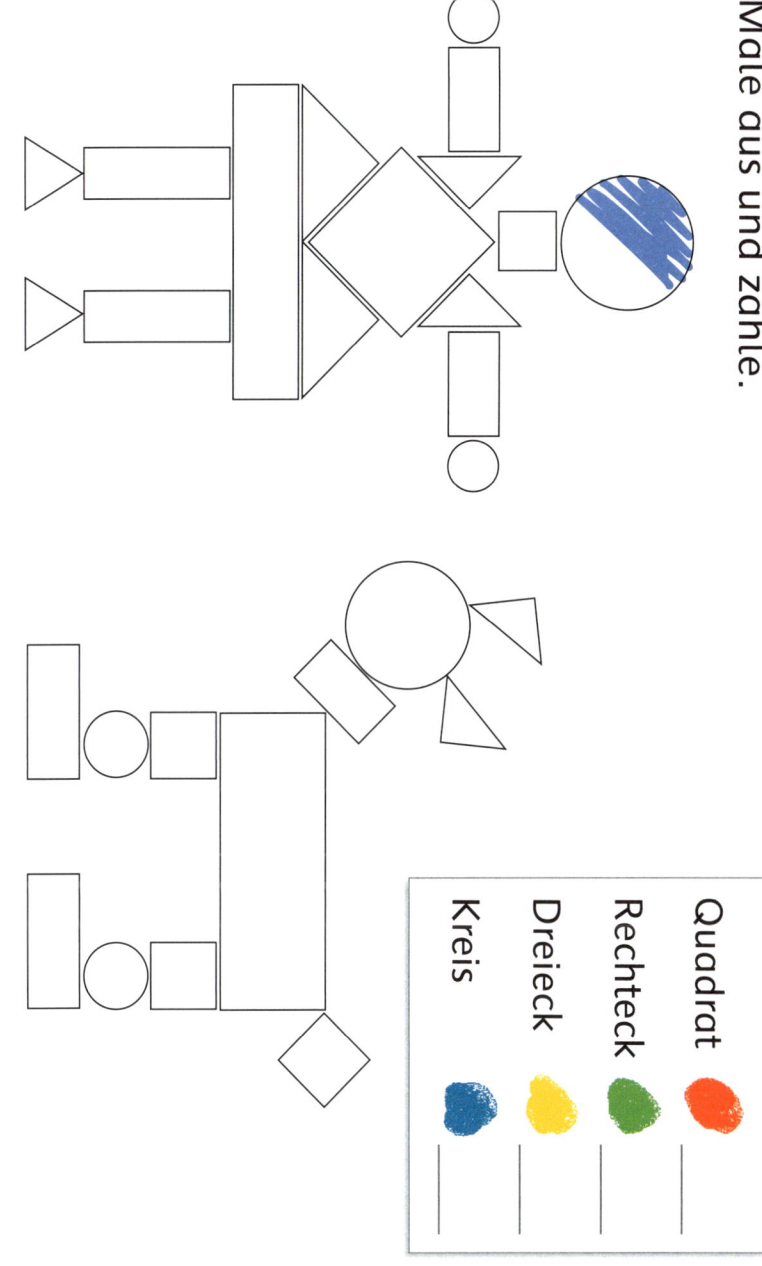

| Kreis | Dreieck | Rechteck | Quadrat |

4 Anzahlen aus beiden Figuren zusammenzählen; eigene Figuren erfinden und malen

Figuren auslegen

1) Lege aus und zähle.

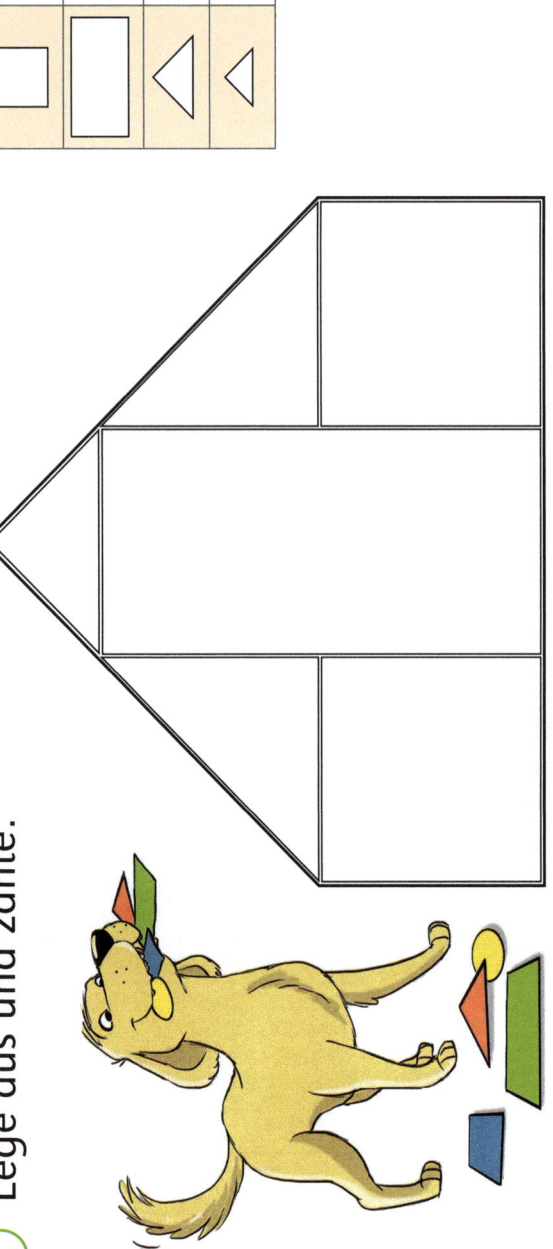

□	▭	◁	◁
			2

2) Lege nach und trage ein.

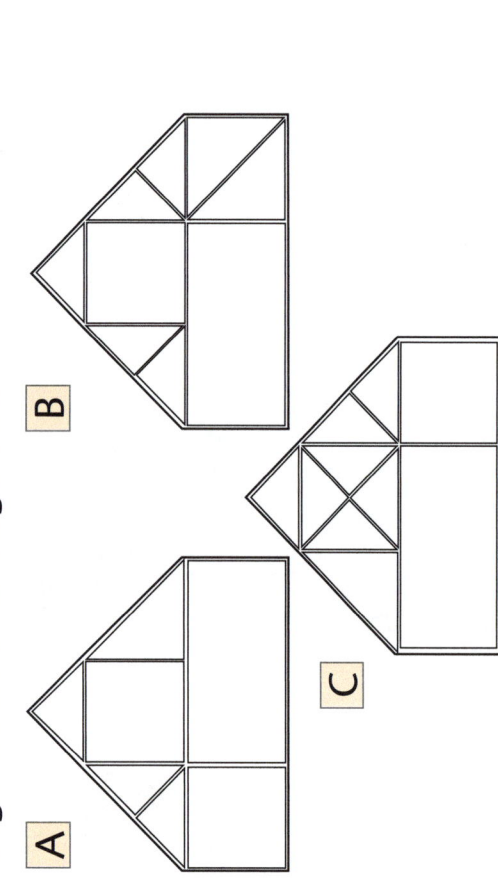

A B C

□	▭	◁	◁
A			
B			
C			

3) Lege unterschiedlich aus und trage ein.

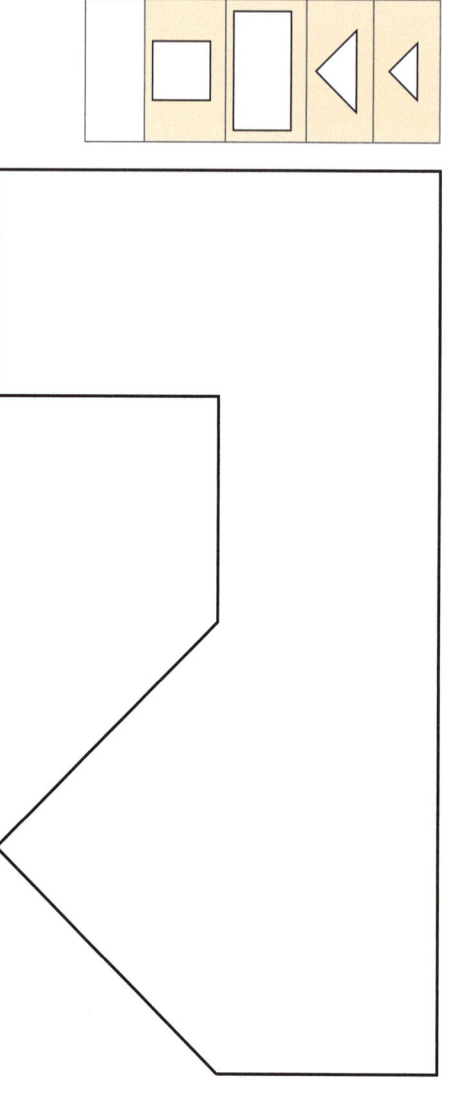

A B C

□	▭	◁	◁
A			
B			
C			

1 bis 3 Mit den Formenplättchen aus der Beilage arbeiten
3 Figur auf unterschiedliche Arten auslegen; Lösungsmöglichkeiten notieren

80

4 Lege aus.
Finde unterschiedliche Möglichkeiten.

	▷	▷	▭	◻
A				
B				
C				
D				
E				

5 Wie kannst du auslegen? Probiere.

A	2	0	4	0
B	2	0	3	2
C	0	1	2	2
D	0	1	4	0
E	0	0	8	0
F	1	0	2	4

6 Erfinde eigene Figuren zum Auslegen.

---

5 Vorgegebene Lösungsmöglichkeiten durch Ausprobieren überprüfen
6 Eigene Figuren erfinden und auf ein Plakat oder auf einem digitalen Gerät zeichnen

Arbeitsheft S. 47

81

Muster und Formen

1 Legt weiter.

2 Legt nach. Setzt die Muster fort.

 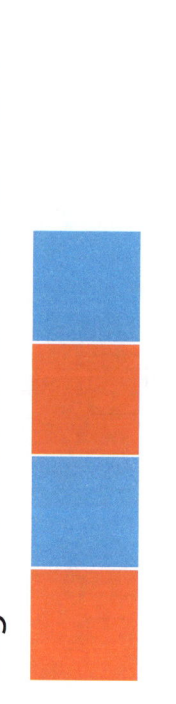    

3 Nehmt 8 Dreiecke und legt nach. Erfindet weitere Figuren.

4 Nimm 4 Dreiecke und 2 Quadrate und erfinde Figuren.

82

1 und 2 Muster erkennen, beschreiben und fortsetzen; Muster können nach rechts und/oder nach links fortgeführt werden; Hinweis: Es gibt unterschiedliche Möglichkeiten.
4 Eigene Figuren auf ein Plakat malen

5 Male weiter an.

6 Erfinde eigene Muster.

7 Finde die Fehler. Kreise ein.

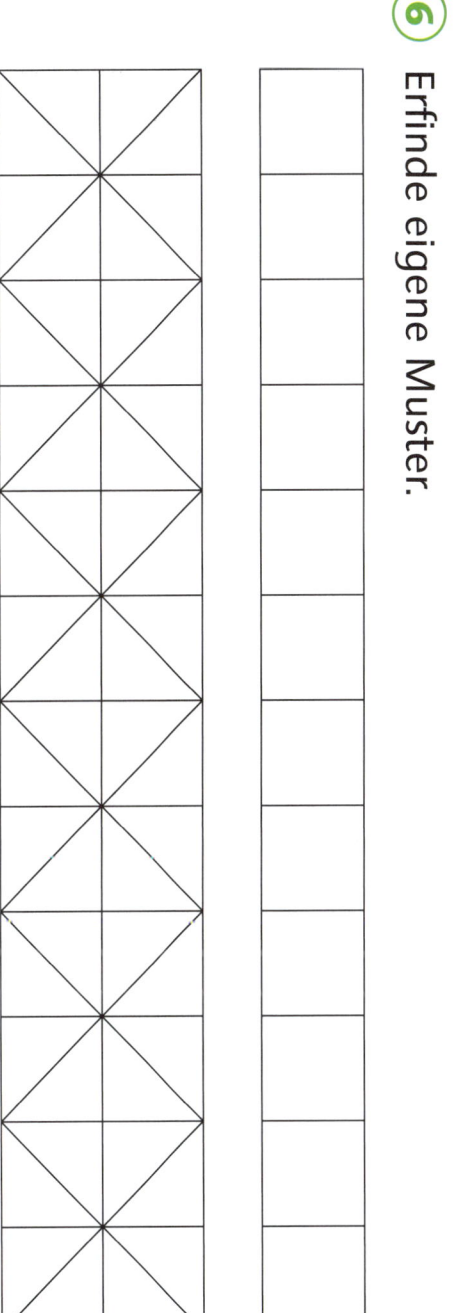

7 In jedem Muster die fehlerhafte Stelle finden und einkreisen; über den Fehler reflektieren: Farbe, Form, Anzahl

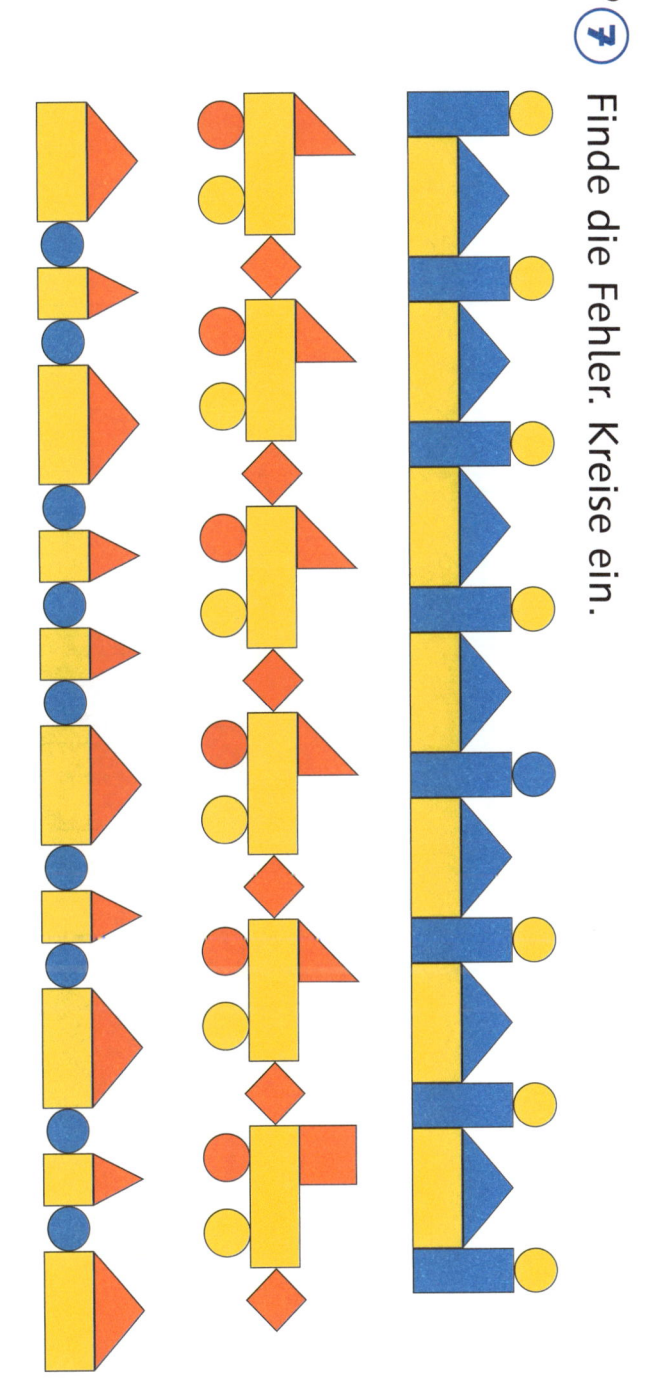

Arbeitsheft S. 48

83

Wiederholung

1 Was kann es sein? ☒

… ist rund
- ☐ Dreieck
- ☐ Rechteck
- ☐ Kreis

… hat 4 Seiten
- ☐ Rechteck
- ☐ Dreieck
- ☐ Quadrat

… hat Ecken
- ☐ Quadrat
- ☐ Kreis
- ☐ Dreieck

2 Male aus und zähle.

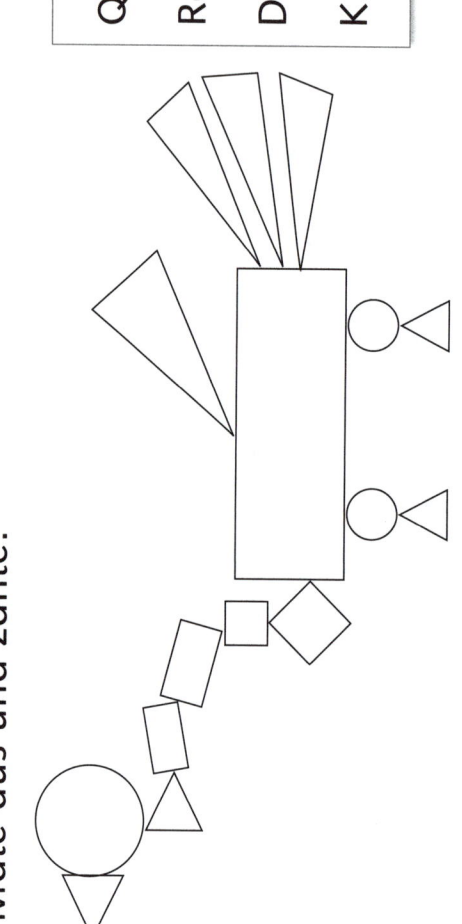

	Quadrat
	Rechteck
	Dreieck
	Kreis

3 Lege unterschiedlich aus.

4 Setze fort.

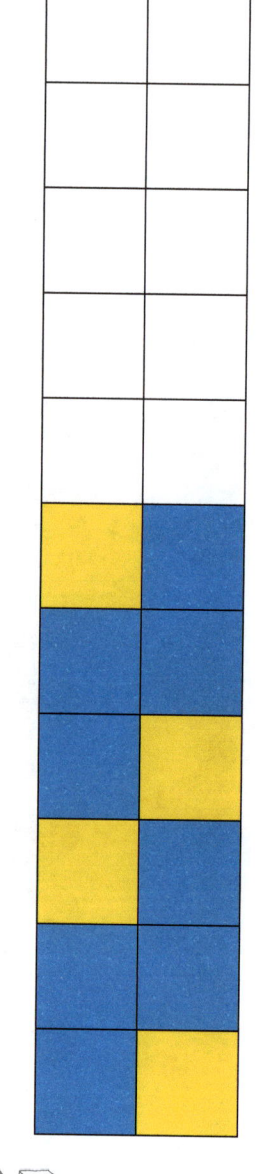

84 LSH S. 17

Projekt: Falten und gestalten

1

Mein Hut, der hat drei E - cken,
drei E - cken hat mein Hut,
und hätt' er nicht drei E - cken,
so wär' es nicht mein Hut.

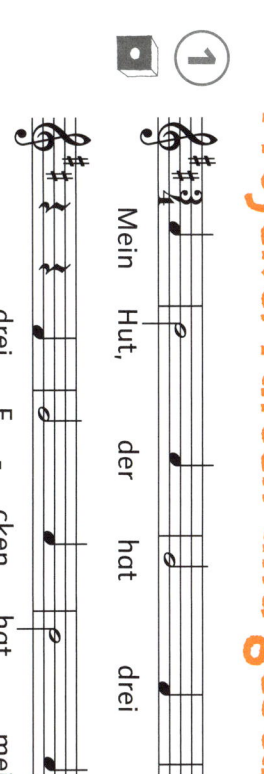

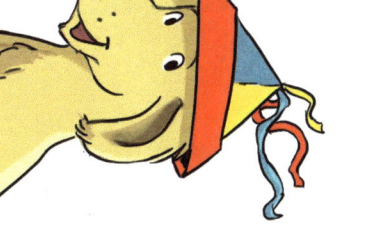

2

Faltanleitung.

1.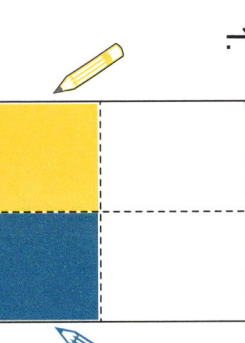
   - Blatt zweimal falten
   - 2 Rechtecke anmalen
   - Hälfte nach hinten klappen

2.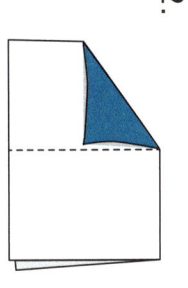
   - Blatt umdrehen
   - Ecken zur Mitte klappen

3.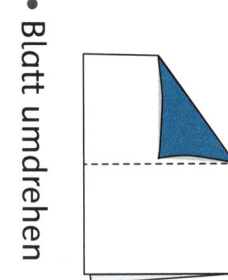
   - unteres Rechteck nach oben klappen

4.
   - Rechteck anmalen
   - rote Dreiecke nach hinten klappen

5.
   - Blatt umdrehen
   - rote Dreiecke ankleben
   - Rechteck hochklappen

6.
   - Rechteck anmalen
   - rote Dreiecke nach hinten klappen und ankleben

Lied mit passenden Bewegungen singen und davon eine Tonaufnahme oder ein Video machen; Hut nach Anleitung falten und gestalten

Rechnen im Zahlenraum bis 20 (II)

Stationen: Vorbereitung Zehnerübergang

1. Station: Rechnen und Zahlen bis 20

4 + 6 = 10

6 − 4 = 2

6 + 4 = 10

2									
12									

7									
18									

13									

19									

die Hälfte	Zahl	das Doppelte
	4	8
2	2	
	6	

2. Station: Verdoppeln und halbieren

4 + 4 = __

6 = __ + __

3. Station: Zahlen zerlegen

10 = 7 + __   8 = 6 + __   9 = __ + 1
10 = 5 + __   8 = 4 + __   9 = __ + 3
10 = 4 + __   8 = __ + 1   9 = 4 + __
10 = 2 + __   8 = __ + 3   9 = 7 + __

4. Station: Rechnen rund um 10

10 + 3 = __   10 − 2 = __   17 − __ = 10
10 + 9 = __   10 − 5 = __   14 − __ = 10
10 + 5 = __   10 − 7 = __   13 − __ = 10
10 + 8 = __   10 − 8 = __   20 − __ = 10

Rechnen mit 10 ist leicht.

---

3. Station: Eigene Zahlenmauern mit den Kopfzahlen 10, 20 oder 10 + x erstellen, bei Bedarf mit Zahlenkarten arbeiten **4. Station:** Kinder wechseln sich beim Legen der Aufgabe und beim Legen der Lösungszahl ab

Arbeitsheft S. 49

87

Addieren mit Zehnerübergang

1

Wie viele Kinder sind da?

 6 + 7

6 + 7 = 13,
denn 6 + 4 = 10
10 + 3 = 13

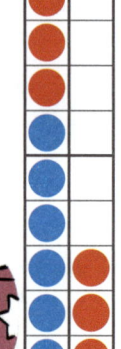

6 + 7 = 13,
denn 6 + 6 = 12

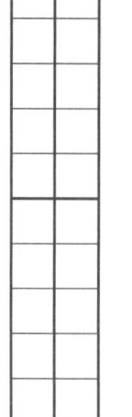

6 + **7** = _____

2 Wie rechnet Nina? Wie rechnet Ali? Lege und male.

6 + 5 = _____

5 + 6 = _____

6 + 6 = _____

3 Wie rechnest du?

8 + 3 = _____   7 + 6 = _____   9 + 2 = _____   7 + 8 = _____

88

1 Situation nachspielen und Plusaufgabe ableiten; weitere Situationen spielen und mit Plättchen nachlegen **3** Kinder sollen entdecken, dass Alis Weg vorteilhaft ist, wenn die beiden Zahlen gleich groß/fast gleich groß sind

RECHENSTRATEGIE

Zur Zehn und dann weiter

10

Rechne zuerst zur 10 und dann weiter.

8 + **6** = 14,
denn 8 + **2** = 10
10 + **4** = 14

14 − **6** = 8,
denn 14 − **4** = 10
10 − **2** = 8

4 Lege und rechne.

9 + 2 = ___   8 + 3 = ___   9 + 6 = ___   6 + 5 = ___
9 + 3 = ___   8 + 4 = ___   8 + 7 = ___   9 + 3 = ___
9 + 4 = ___   8 + 5 = ___   7 + 5 = ___   6 + 8 = ___
9 + 5 = ___   8 + 6 = ___   ___   9 + 7 = ___

5

4 + 9 = ___   9 + 8 = ___   4 + 8 = ___
5 + 6 = ___   4 + 7 = ___   7 + 4 = ___
7 + 8 = ___   5 + 9 = ___   5 + 8 = ___
3 + 9 = ___   3 + 8 = ___   5 + 7 = ___

Tauschaufgabe?

6 Wie rechnet ihr?

9 + 2 = ___   6 + 6 = ___
8 + 3 = ___   8 + 5 = ___
9 + 6 = ___   5 + 8 = ___
8 + 4 = ___   7 + 7 = ___

Manche weiß ich auswendig.

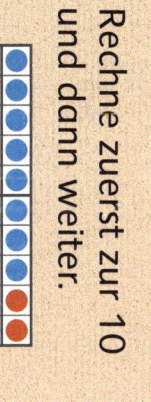

Rechenstrategie „Zur Zehn und dann weiter" mit Arbeitsmitteln einführen und umfangreich üben; „Verstehen vor Automatisieren"; Kinder müssen Rechenweg nicht notieren **5 und 6** Tauschaufgabe und Verdopplungsaufgaben nutzen

Übungen zur Addition

1 Wo hilft dir das Verdoppeln? ☒

9 + 6 = ☐	7 + 6 = ☐		5 + 6 = ☐
6 + 6 = ☐	8 + 8 = ☐		6 + 8 = ☐
4 + 7 = ☐	3 + 8 = ☐		9 + 9 = ☐
7 + 8 = ☐	7 + 7 = ☐		8 + 5 = ☐

2

9 + 2 =	8 + 3 =	6 + 8 =	5 + 7 =
8 + 4 =	9 + 5 =	3 + 9 =	6 + 9 =
7 + 4 =	8 + 6 =	7 + 6 =	7 + 8 =
9 + 3 =	6 + 5 =	2 + 9 =	8 + 9 =

3

S. 90	Nr. 3
8 + 3 =	

8 + 3	8 + 4
7 + 4	8 + 6
5 + 6	8 + 8
9 + ☐	8 + ☐

4 Rechne und male.

7 + 5	4 + 9	8 + 4	8 + 5	9 + 2
7 + 4	13 + 0	5 + 7	9 + 4	4 + 7
6 + 5	5 + 8	9 + 3	7 + 6	8 + 3
2 + 9				
3 + 9				
6 + 6				

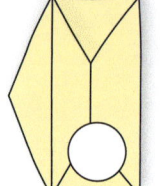 13
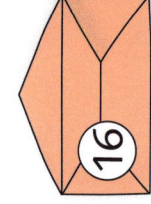 12
11
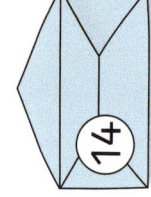 16
14

5 Bilde eigene Aufgaben.

90

1 bis 4 Bei allen Aufgaben nochmals Rechenstrategien und Lösen über die Tauschaufgabe reflektieren
3 Struktur der einzelnen Aufgabenpäckchen betrachten und daraus fehlende Zahl ableiten

6 Rechne geschickt.

TIPP
3 + 9 = 12,
denn 3 + 10 = 13

2 + 9 = ___
4 + 9 = ___   9 + 3 = ___
5 + 9 = ___   8 + 9 = ___
6 + 9 = ___   9 + 7 = ___

7 Rechne. Welche Aufgaben sind leicht für dich? ✏️

4 + 5 = ☐
9 + 2 = ☐   6 + 6 = ☐   0 + 9 = ☒
8 + 4 = ☐   10 + 7 = ☐   6 + 8 = ☐
5 + 7 = ☐   7 + 9 = ☐   9 + 9 = ☐
                    3 + 8 = ☐   4 + 8 = ☐

Zur 10 und dann weiter. — 7 + 4

Die Tauschaufgabe kann mir helfen. — 3 + 8

Ich nutze das Verdoppeln. — 5 + 6

Bei Aufgaben mit 9 nutze ich die 10. — 5 + 9

8

+	2	3	4
7			
8			
9			

+	5	10	0
5			
6			
7			

+	7	4	9
6			
8			
10			

9 Bilde Plusaufgaben.

| 8 | 4 | 6 | 5 | 7 |

S. 91	Nr. 9
8 + 4 =	

Subtrahieren mit Zehnerübergang

1

"Kurze Pause, Kinder."

13 – 4

"13 – 4, wie geht das?"

2

13 – 4 = 9,
denn 13 – 3 = 10
10 – 1 = 9

13 – 4 = ___

3 Streiche durch und rechne.

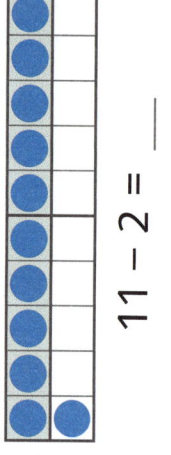 11 – 2 = ___

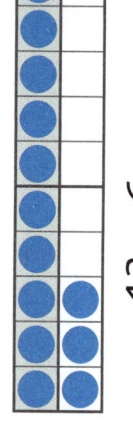 13 – 6 = ___

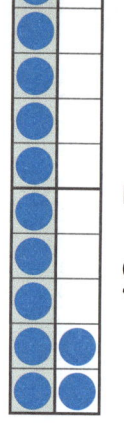 12 – 7 = ___

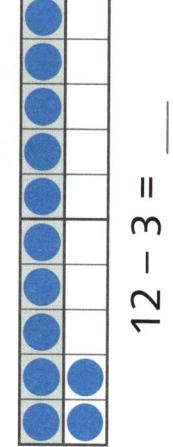 12 – 3 = ___

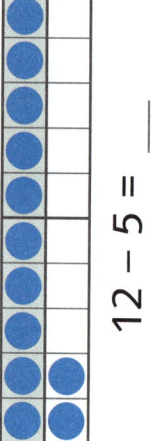 12 – 5 = ___

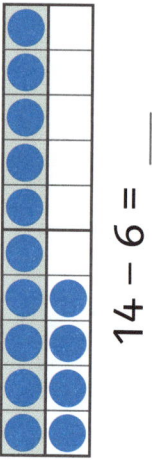 14 – 6 = ___

1 Situation nachspielen und Minusaufgabe ableiten;
weitere Situationen spielen und mit Plättchen nachlegen
2 Technik des Darstellens und Abstreichens im Zwanzigerfeld wiederholen

RECHENSTRATEGIE

Zur Zehn und dann weiter

10

Rechne zuerst zur 10 und dann weiter.

8 + 6 = 14,
denn 8 + 2 = 10
10 + 4 = 14

14 − 6 = 8,
denn 14 − 4 = 10
10 − 2 = 8

4 Lege und rechne.

11 − 2 = ___	13 − 4 = ___	14 − 5 = ___	12 − 5 = ___
11 − 3 = ___	13 − 5 = ___	15 − 6 = ___	11 − 6 = ___
11 − 4 = ___	13 − 6 = ___	16 − 7 = ___	14 − 7 = ___
11 − 5 = ___	13 − 7 = ___	17 − 8 = ___	15 − 8 = ___

5

12 − 4 = ___	15 − 7 = ___	11 − 6 = ___	15 − 8 = ___
13 − 5 = ___	12 − 6 = ___	14 − 7 = ___	17 − 8 = ___
15 − 6 = ___	14 − 5 = ___	14 − 6 = ___	13 − 8 = ___
16 − 7 = ___	12 − 7 = ___	18 − 9 = ___	

6 Wie rechnet ihr?

Manche weiß ich auswendig.

11 − 3 = ___	12 − 6 = ___	
13 − 4 = ___	11 − 2 = ___	
14 − 5 = ___	16 − 8 = ___	
12 − 3 = ___	18 − 9 = ___	

Rechenstrategie „Zur Zehn und dann weiter" mit Arbeitsmitteln einführen und üben: „Verstehen vor Automatisieren"; Kinder müssen Rechenweg nicht notieren; bei einigen Aufgaben kann die Strategie „Verdoppeln/Halbieren" genutzt werden.

Übungen zur Subtraktion

1

11 − 2 = ___   14 − 7 = ___   11 − 5 = ___   16 − 8 = ___
13 − 4 = ___   11 − 3 = ___   12 − 4 = ___   14 − 5 = ___
12 − 6 = ___   13 − 6 = ___   13 − 5 = ___   11 − 6 = ___
12 − 5 = ___   12 − 4 = ___   15 − 6 = ___   16 − 7 = ___

2 Wo hilft dir das Halbieren?

12 − 6 = 6, denn 6 + 6 = 12

☐ ☐ ☐ ☐

12 − 6 = ___   14 − 7 = ___
13 − 5 = ___   16 − 8 = ___
15 − 6 = ___   16 − 7 = ___
13 − 7 = ___   18 − 9 = ___

3 Rechne. Ergänze die fehlenden Zahlen.

S. 94	Nr. 3
1 2 − 3 =	

12 − 3   13 − 3   14 − 0
13 − 4   13 − 5   14 − 2
14 − 5   13 − ☐   14 − ☐
15 − 6   ☐ − 9   14 − ☐

4 Rechnet und malt.

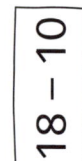 16 − 9   14 − 6   18 − 10   13 − 6   17 − 8
18 − 9   13 − 5   12 − 4   14 − 7   19 − 10
12 − 5   17 − 9   16 − 8   11 − 4   14 − 5

7 (grün)   8 (gelb)   5 (orange)   6 (blau)   9 (orange)

5 Bilde eigene Aufgaben.

18 − 9   12 − 3   13 − 4

94

1 bis 4 Bei allen Aufgaben nochmals Rechenstrategien reflektieren und geeignet anwenden
3 Struktur der Aufgabenpäckchen betrachten und daraus die fehlenden Zahlen ableiten

6

7 Rechne. Welche Aufgaben sind leicht für dich?

TIPP
17 − 9 = 8,
denn 17 − 10 = 7

17 − 9 = ___   16 − 9 = ___   18 − 9 = ___
14 − 4 = ___   15 − 9 = ___   12 − 9 = ___
10 − 6 = ___   ___   13 − 9 = ___
11 − 2 = ___   14 − 9 = ___   11 − 9 = ___

9 − 5 = ☐   12 − 3 = ☐   15 − 8 = ☐
14 − 4 = ☐   14 − 5 = ☐   18 − 9 = ☐
10 − 6 = ☐   16 − 7 = ☐   13 − 8 = ☐
11 − 2 = ☐   14 − 7 = ☐   11 − 9 = ☐

Zur 10 und dann weiter.   12 − 4

Ich nutze das Halbieren.   12 − 6

Bei Aufgaben mit 9 nutze ich die 10.   16 − 9

8

−	2	3	4
11	9		
12			
13			

−	6	5	10
13			
14			
15			

−	9	7	8
20			
16			
18			

9 Bilde Minusaufgaben und rechne.

13	14	16	5	6	9

S. 95   Nr. 9
1 4 − 6 =

6 Vorteilhaftes Rechnen mit 9 erkennen 7 Aufgaben sollen weiteren Übungs-/Förderbedarf erkennen lassen; **Merkkasten:** Es sollen unterschiedliche Möglichkeiten des Subtrahierens in Abhängigkeit vom Zahlenmaterial reflektiert werden

Arbeitsheft S. 53

Gerade und ungerade Zahlen

1 Lege mit Plättchen nach.

6 Kinder.
6 ist eine gerade Zahl.

7 Kinder.
7 ist eine ungerade Zahl.

2 Gerade Zahl oder ungerade Zahl?

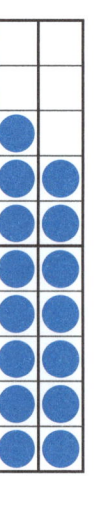  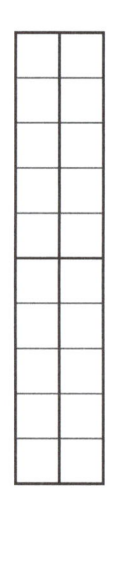

_____ ist eine _____ Zahl.

8 ist eine _____ Zahl.

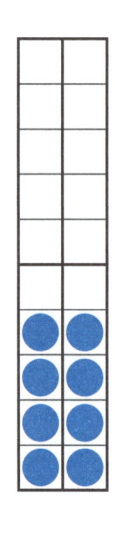  

5 ist eine _____ Zahl.

14 ist eine _____ Zahl.

3
| 17 | 12 | 21 | 10 | 20 |
| 15 | 18 | 9 | 5 | 4 |

Gerade Zahlen: _____

Ungerade Zahlen: _____

gerade Zahlen: 0, 2, 4, 6, 8, 10, 12 …
ungerade Zahlen: 1, 3, 5, 7, 9, 11 …

4 Gerade Zahl oder ungerade Zahl?

6 ist eine gerade Zahl.

4 + 2 = 6

1 und 2 Durch paarweises Legen und Malen im Zwanzigerfeld erkennen, ob eine Zahl gerade/ungerade ist. 3 Bei Bedarf mit Material arbeiten 4 Zuerst die Summe der Augenzahlen bilden, dann entscheiden „gerade/ungerade"

Aufgabenfamilien

① Die 3 Zahlen gehören zusammen.

Das ist eine Aufgabenfamilie.

Aufgabenfamilie

5 6 11

5 + 6 = 11
6 + 5 = 11
11 − 6 = 5
11 − 5 = 6

Ich bilde 2 Aufgaben mit + und 2 Aufgaben mit −.

②

3 9 12

3 + 9 =
9 + 3 =
12 − 9 =
12 − 3 =

5 8 13

__ + __ =
__ + __ =
__ − __ =
__ − __ =

8 7 ○

8 + 7 =
____
____
____

③ 6 7 13   5 9 14   9 ○ 15

④ S. 97 Nr. 4

7 + 7 =

7 7 14   9 9 18

Gibt es hier nur 2 Aufgaben?

---

1 Wiederholen von Plusaufgabe, Tauschaufgabe und jeweiliger Umkehraufgabe als Aufgabenfamilie 4 Begründen, weshalb diese Aufgabenfamilien nur aus 2 Aufgaben bestehen; eigene Aufgabenfamilien bilden und notieren

Übungen zur Addition und Subtraktion

1
8 + 2 = ___   7 + 7 = ___   13 − 2 = ___   15 − 7 = ___
8 + 4 = ___   7 + 6 = ___   15 − 6 = ___   17 − 8 = ___
8 + 6 = ___   7 + 5 = ___   17 − 8 = ___   19 − 9 = ___

2
8 + ___ = 13   ___ + 9 = 16   18 − ___ = 15   ___ − 5 = 14
5 + ___ = 14   ___ + 8 = 11   20 − ___ = 12   ___ − 4 = 12
7 + ___ = 12   ___ + 7 = 14   13 − ___ = 13   ___ − 6 = 6

3

+	5	7	9
10			
7			

−		4	6	9
11				
16				

+	6		
6			
9		16	17

4 Was fällt dir auf? Rechne weiter.

7 + 2 = ___   6 + 3 = ___   18 − 9 = ___
7 + 3 = ___   7 + 5 = ___   16 − 7 = ___
7 + 4 = ___   8 + 7 = ___   14 − 5 = ___
___ + ___ = ___ ___ + ___ = ___ ___ − ___ = ___

5 Bilde Plusaufgaben und Minusaufgaben. Rechne.

| 9 | 0 | 3 | 5 | 7 | 12 | 15 | 20 |

S. 98	Nr. 5
1 5 + 3 =	
1 2 − 7 =	

6 Meine Zahl ist um 5 größer als 8.

Meine Zahl ist um 8 kleiner als 16.

98

Rechendreiecke

1 4 + 7 = 11

Rechendreiecke

4 + 7 = 11
7 + 5 = __
4 + 5 = __

2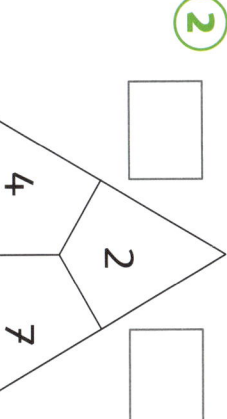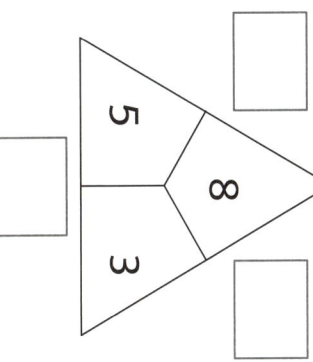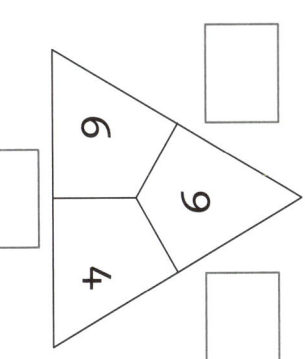

3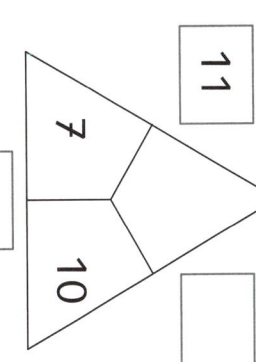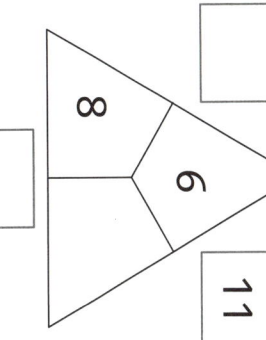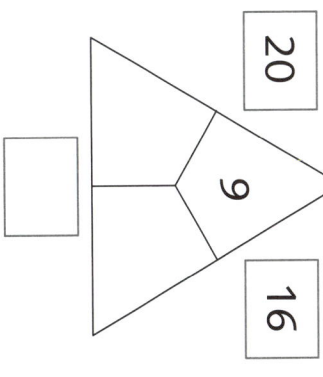

4 Trage ein.

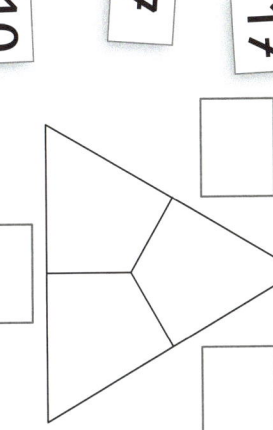 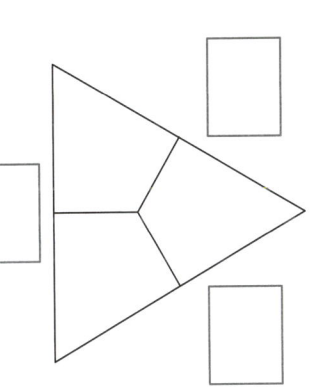

Rechnen mit 3 und mehr Zahlen

1 Kreise zuerst so ein, dass die Augenzahl 10 ergibt.

6 + 4 + 5 =

___ + ___ + ___ =

2 Rechne geschickt.

6 + 4 + ___ =

___ + ___ + ___ =

3 Rechne geschickt.

| 8 | 5 | 2 |

___ + ___ + ___ =

| 7 | 6 | 4 |

___ + ___ + ___ =

| 6 | 7 | 1 | 3 |

___ + ___ + ___ + ___ =

4

9 + 1 + 5 =   2 + 5 + 5 + 2 =
5 + 9 + 5 =   8 + 3 + 3 + 2 =
8 + 3 + 7 =   4 + 3 + 6 + 4 =
5 + 6 + 4 =   7 + 4 + 3 + 6 =

5 Rechne und male. Schreibe weitere Kärtchen.

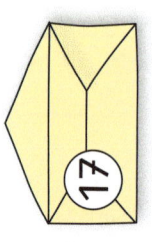 16    17   (18)

| 8+8+2 | 8+2+7 | 4+4+8 |
| 3+3+6+4 | 8+1+7+1 | 4+5+6+3 |

---

4 Abfolge des Addierens reflektieren und vorteilhaftes Rechnen begründen: Sowohl das Zusammenfassen zweier Summanden zur Zahl 10 als auch das Anwenden der Verdopplungsstrategie soll als vorteilhaft erkannt und angewendet werden.

100

6 Rechne geschickt.

12 − 4 − 2 = ___   11 − 1 − 5 = ___
14 − 4 − 3 = ___   13 − 6 − 3 = ___
16 − 2 − 6 = ___   15 − 2 − 5 = ___
18 − 3 − 8 = ___   17 − 7 − 4 = ___

12 − 2 − 4

7 Rechne und male.

18 − 2 − 3 − 8   15 − 3 − 5   17 − 7 − 3   16 − 4 − 4 − 3
12 − 4 − 2   12 − 5 − 2   15 − 5 − 5   13 − 3 − 4
17 − 2 − 7 − 2   16 − 8 − 1   18 − 9 − 2   18 − 9 − 2 − 1

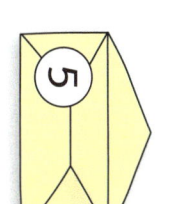 5   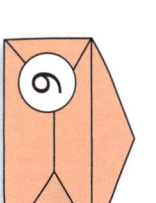 6    7

8 Rechne. Welche Aufgaben sind leicht für dich?

5 + 5 + 5 = ___   5 + 5 + 5 = ___   ☐
8 + 2 + 7 = ___   5 + 10 − 5 − 5 = ___   ☐
12 − 0 − 5 = ___   19 − 6 − 9 − 0 = ___   ☐
16 − 8 − 6 = ___   14 − 7 − 4 − 3 = ___   ☐

9

1. Legt viele Aufgaben mit dem Ergebnis 14.
2. Überprüft gemeinsam.
3. Legt Aufgaben zu 15, 16, 17, 18 und 20.

---

8 Aufgabe soll weiteren Übungs-/Förderbedarf erkennen lassen
9 Zahlenkarten und Rechenzeichen in ausreichender Menge zur Verfügung stellen; die Aufgabe ist zu vielfältigen Spielmöglichkeiten erweiterbar

Arbeitsheft S. 56

Zahlenmauern

1

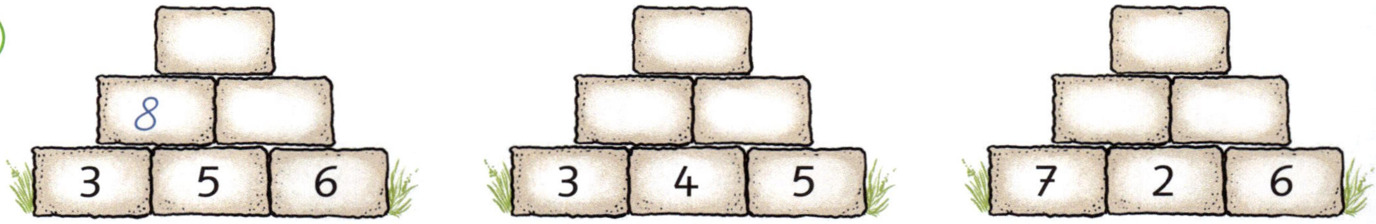

2

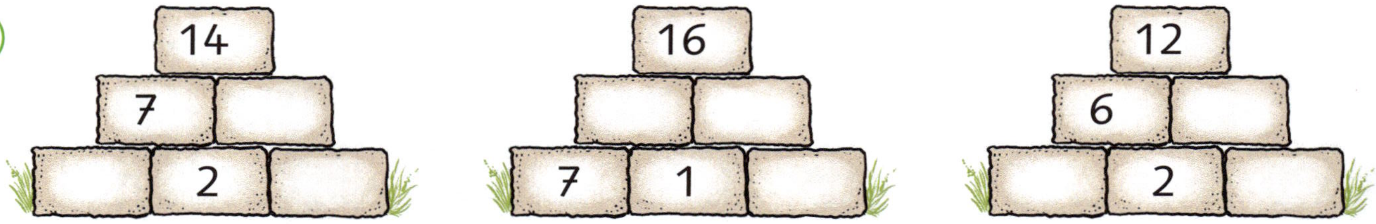

3

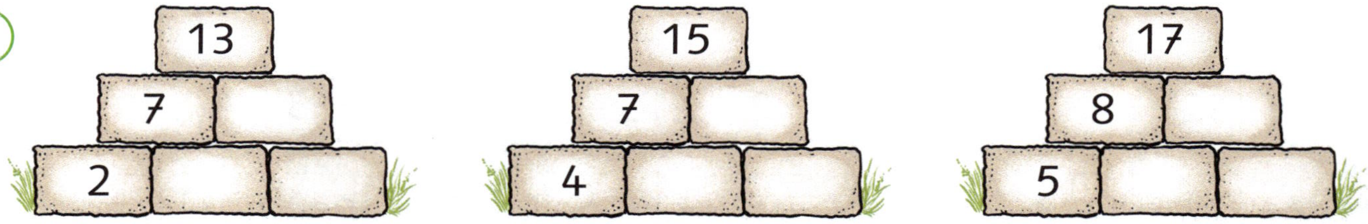

4

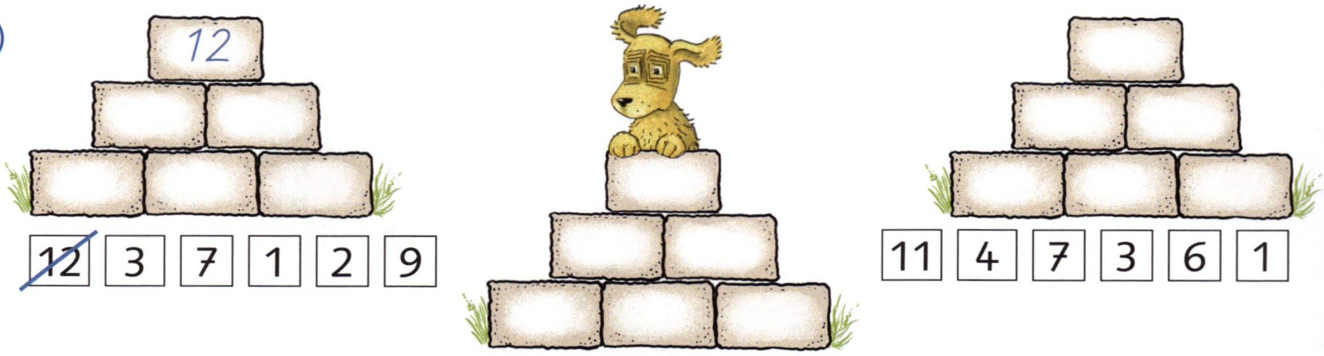

Meine Zahlenmauer hat nur gerade Zahlen.

Geht das auch mit ungeraden Zahlen?

5

Sachrechnen mit Geld

① Toni hat:

Er kauft:

Er hat noch:

② Lara hat:

Sie kauft:

Sie hat noch:

③ Nils hat:

Er kauft:

Er hat noch:

④

Anita hat 20 Euro. Sie kauft einen Füller.

Dann hat sie noch ____ Euro.

⑤ Andi hatte 16 Euro. Jetzt hat er noch 5 Euro.

Was könnte er gekauft haben? ____

⑥

1 Einkaufen spielen: Verschiedene Dinge „einkaufen", Gesamtbetrag berechnen und mit Rechengeld „bezahlen"; bestimmten Geldbetrag vorgeben, „einkaufen" und Restbetrag ermitteln 6 Weitere Aufgaben bilden und berechnen

Arbeitsheft S. 57

103

Rechengeschichten

1 Die Kinder der Klasse 1 machen einen Ausflug.

___ Kinder sind schon im Bus.
___ Kinder steigen noch ein.
Wie viele Kinder fahren mit?

Es fahren ___ Kinder mit.

2 Im Tiergehege sehen sie

___ ___ ___ Tiere.

Zusammen sind es ___ Tiere.

3 Die Klasse teilt sich auf.

___ Kinder sind am Fischteich.

Die anderen Kinder sind beim Eselreiten.

___ Kinder sind beim Eselreiten.

1 bis 3 Zu den Bildern Geschichten erzählen, besonderes Augenmerk auf gefragte Größen richten; Informationsentnahme aus den Bildern besprechen, Aufgaben notieren und lösen; Antworten mit den Fragestellungen abgleichen

④ Einige Kinder sind beim Stelzenlaufen.
___ Kinder laufen auf Stelzen.
Sie haben ___ Stelzen.
Später kommen noch
3 Kinder dazu.
Es sind dann ___ Kinder
und ___ Stelzen.

⑤ In einem alten Backhaus wurden 16 Brote gebacken.
Wie viele Brote sind schon verkauft?

Es wurden ___ Brote verkauft.

⑥ Erfinde eigene Rechengeschichten.
Schreibe die Aufgaben auf und rechne.

Fahrt: 2 €
Geburtstagskinder:
2. Fahrt frei
Parkplan: 1 €
Wimpel: 5 €
Kappe: 8 €

6 Rechengeschichten erfinden und erzählen, dazu Fragen formulieren; die Aufgaben aufschreiben und rechnen

Wiederholung

① Rechne geschickt. Wie hast du gerechnet?

 Bei einigen Aufgaben habe ich noch eine andere Idee.

9 + 2	15 – 5	11 – 5
8 + 4	14 – 7	14 – 4
4 + 9	16 – 9	18 – 9
7 + 5	13 – 6	12 – 6
3 + 8	19 – 0	20 – 5

②

+	10	9	7
6			
9			
7			

–	10	9	7
13			
16			
18			

+	6	7
5		
8		
12		16

③  Rechne. Welche Aufgaben sind noch schwer für dich?

6 + 5 = ☐   12 – 3 = ☐   8 + 2 + 7 = ☐
7 + 6 = ☐   14 – 5 = ☐   8 + 8 + 4 = ☐
4 + 8 = ☐   16 – 8 = ☐   12 – 3 – 7 = ☐
9 + 9 = ☐   15 – 9 = ☐   18 – 9 – 7 = ☐

④ Noa hat ___ €.
Er kauft ein Spiel für ___ €
und ein Buch für ___ €.

Er hat dann noch ___ €.

Knobelseite: Logeleien

1) Erfindet eigene Tierrätsel.

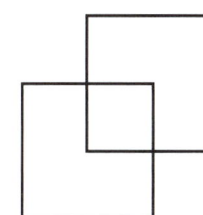

"Mein Tier hat zwei Beine. Es wird älter als ein Hamster. So alt wie ein Frosch wird es aber nicht."

"Es ist ein ..."

So alt können Tiere werden:

Hamster	2 Jahre
Finken	5 Jahre
Hasen	8 Jahre
große Hunde	11 Jahre
Frösche	11 Jahre
kleine Hunde	14 Jahre
Papageien	50 Jahre
Kamele	40 Jahre

2) Wie viele Quadrate siehst du?

"Ich sehe mehr als zwei Quadrate."

_____

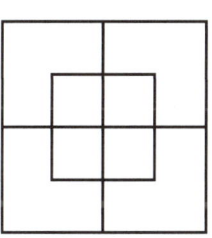

_____

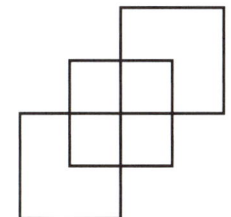

_____

3) Wie viele Steine fehlen noch?

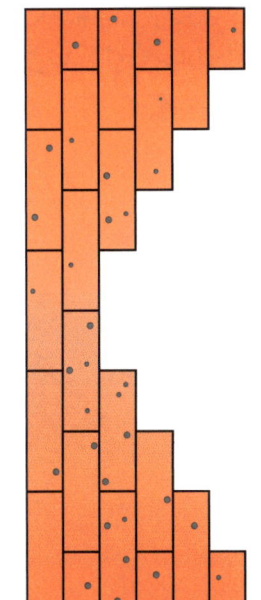

Es fehlen noch ____ Steine.

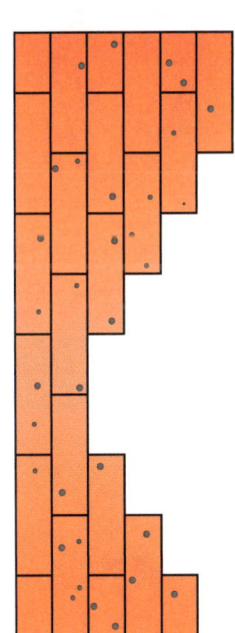

Es fehlen noch ____ Steine.

Es fehlen noch ____ Steine.

Es fehlen noch ____ Steine.

---

2 Blick auf die überlagerten Quadrate lenken 3 Im Sinne der Differenzierung kann die Aufgabe zeichnerisch oder als Kopf-Geometrieaufgabe bearbeitet werden; eigene Rätsel erfinden und notieren

Symmetrie

Erfahrungen mit dem Spiegel

1 Entdeckt mit dem Spiegel.

2

3

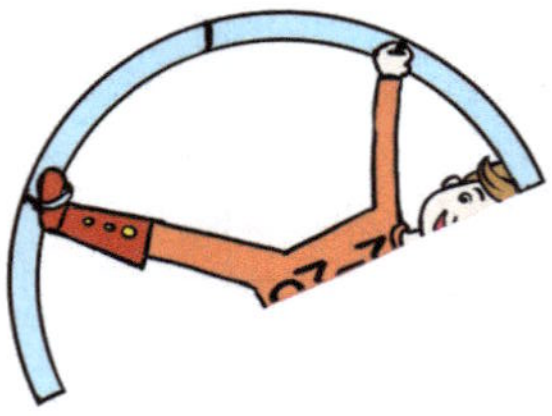

1 bis 3 Mit dem Spiegel experimentieren, Bilder verändern, Veränderungen beschreiben

108

④ FIXFAX zaubert.

Aus 2 Hasen zaubert er _____.

Aus 2 Hasen zaubert er _____.

⑤ Was könnt ihr mit dem Spiegel zaubern?

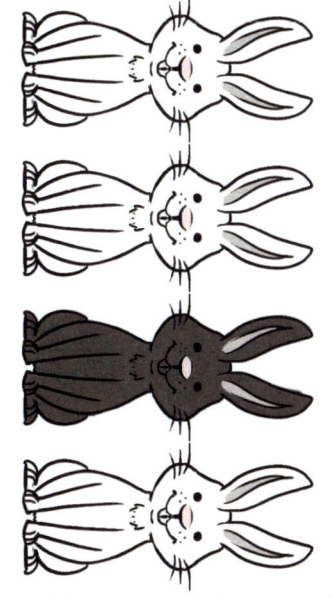

5 Hasen ☐
8 Hasen ☒
4 weiße und 2 schwarze Hasen ☐
2 weiße und 1 schwarzen Hasen ☐
3 weiße und 1 schwarzen Hasen ☒

⑥ Welche Bilder kannst du aus dem großen Hasen zaubern?

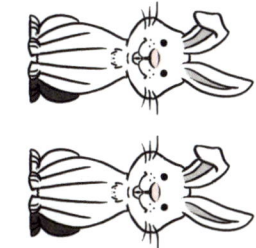

 ☐    ☐

 ☐    ☐

 ☐    ☐

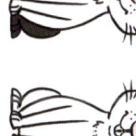 ☐   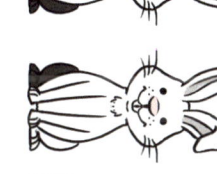 ☐

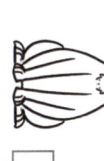 ☐    ☐

Bild und Spiegelbild

① Finde die fünf Fehler im Spiegelbild. Kreise ein.

② Finde das Spiegelbild.

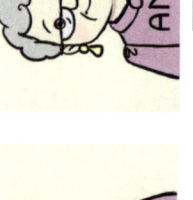

③ Legt Bild und Spiegelbild.

1 Fehler entdecken und im Spiegelbild einkreisen
2 Passendes Spiegelbild ankreuzen
3 Symmetrische Figuren mit Formenplättchen aus der Beilage legen

110

④ Spiegle und male.

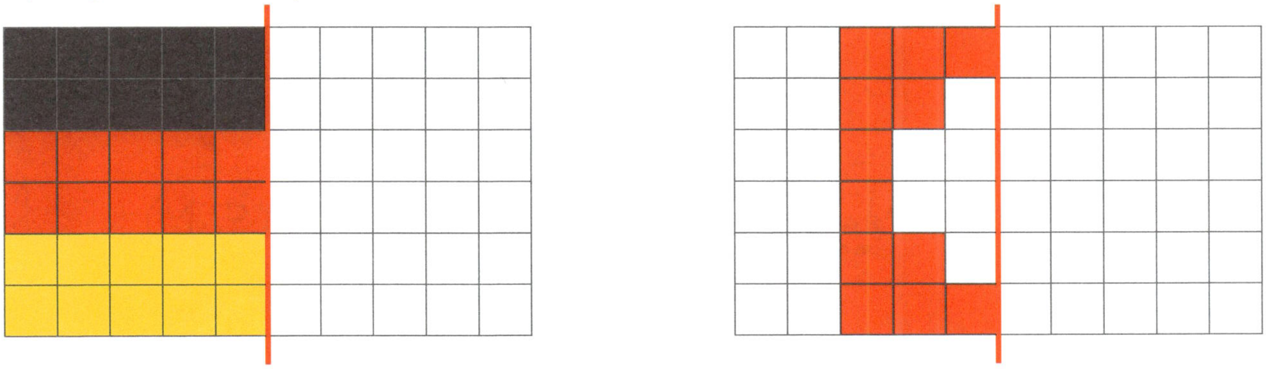

⑤

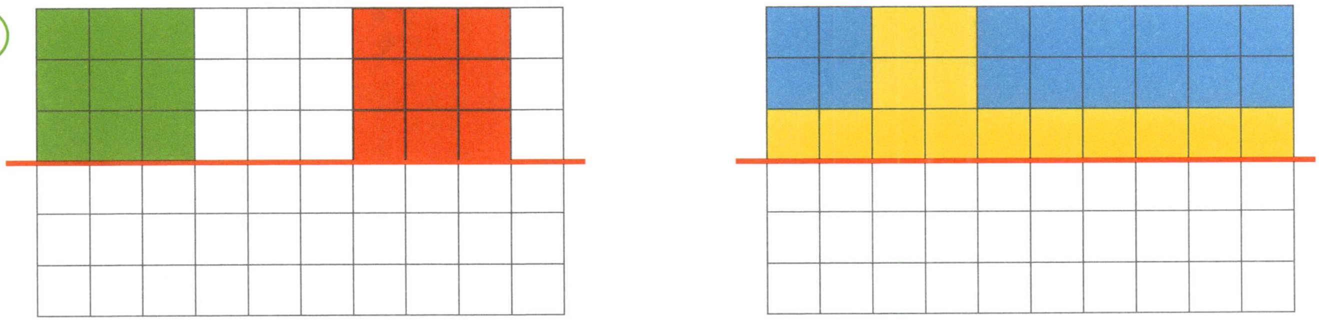

⑥

⑦ Erfinde eigene Bilder und spiegle.

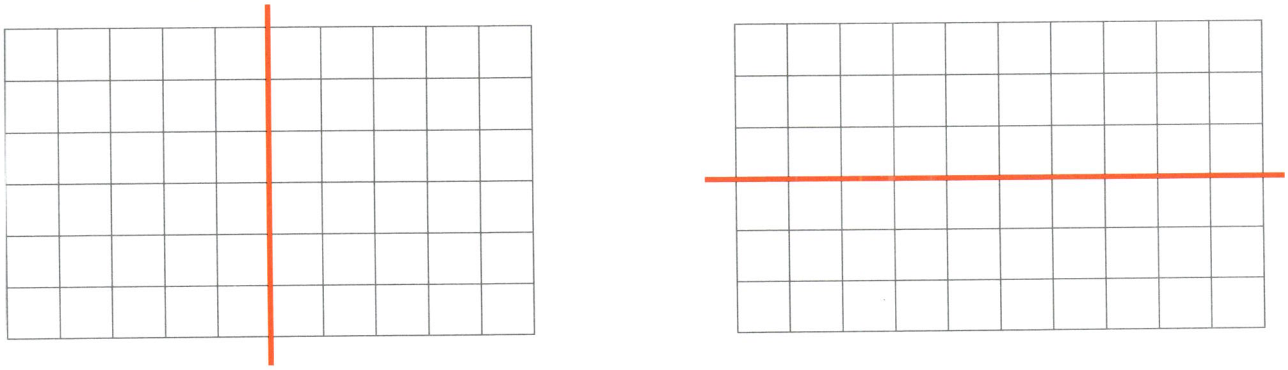

Als Hilfe und zur Kontrolle einen Spiegel verwenden

Arbeitsheft S. 61

111

Wiederholung

1 Lies die Geheimschrift. Der Spiegel hilft dir.

2 Welche Bilder kannst du aus dem großen Frosch erspiegeln?

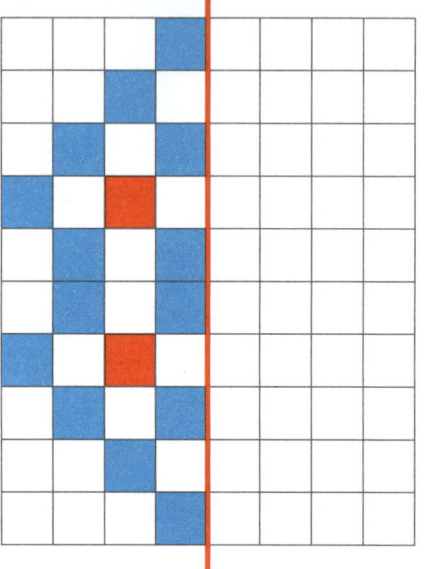

3 Ergänze das Spiegelbild.

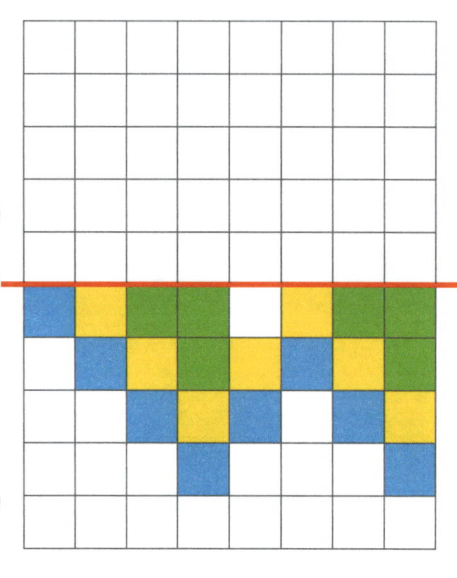

112 LSH S. 18

3 Als Hilfe und zur Kontrolle einen Spiegel verwenden

Projekt: Schmetterlinge

Info

Schmetterlinge

Ein Schmetterling hat zwei Paar Flügel. Diese sind gleich groß. Die Muster auf den Flügeln sind gespiegelt. Die linke und rechte Seite sind symmetrisch zueinander.

1 Welche Figur ist symmetrisch?

 ☐
 ☒
 ☐
 ☐

2 Male die Schmetterlinge fertig.

3 Bastelt Schmetterlinge.

	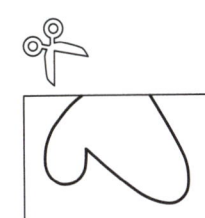	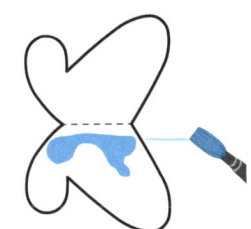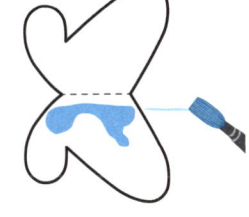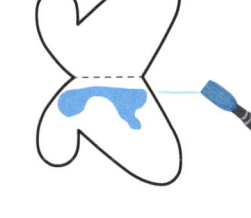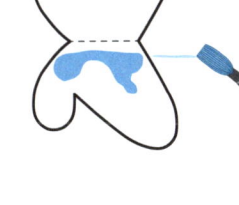		
falten und zeichnen	schneiden	klecksen		klappen

Arbeitsheft S. 62

113

1 Schmetterlinge auf Symmetrie untersuchen
2 Schmetterlinge symmetrisch ausmalen
3 Falt- und Klecksbilder als Schmetterlinge ausgestalten und als Fensterbild verwenden nach symmetrischen Klecksbildern im Internet suchen

Rechnen im Zahlenraum bis 20 (III)

Übungen zur Addition und Subtraktion (I)

1

2 Bildet eigene Aufgaben.

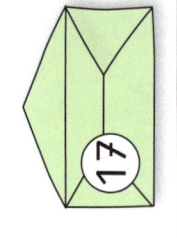 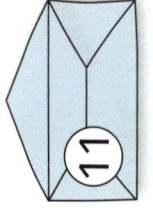 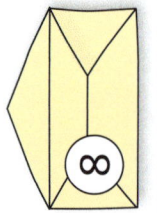 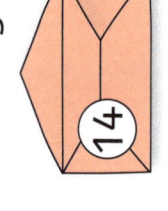

3 Rechne und male.

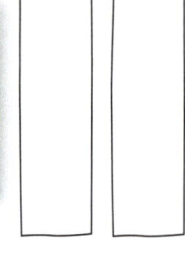 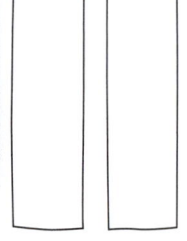 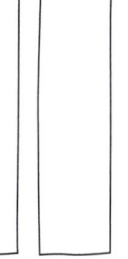 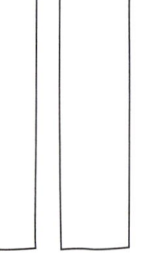

9 + 4	20 − 4	4 + 3	20 − 10	8 + 2	15 − 2	8 + 5	19 − 6	8 + 8	10 + 6	20 − 4	11 − 4
20 − 7	9 + 7	14 − 7									
14 + 2	15 − 8	15 − 5									

4 Beschriftet die Umschläge.
Bildet dann eigene Aufgaben.

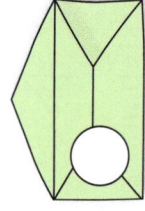
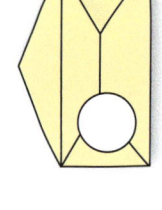

114

5 Wie rechnest du? Male passend an.

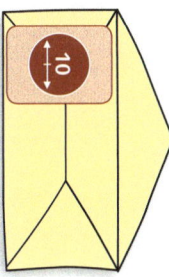

| 6 + 6 | 5 + 6 | 12 − 4 | 7 + 5 |
| 8 + 4 | 7 + 6 | 12 − 6 | 6 − 2 |

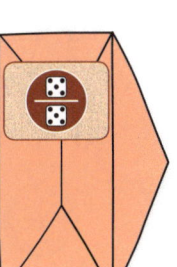

| 13 − 6 | 10 + 6 |
| 6 + 3 | 7 + 7 |

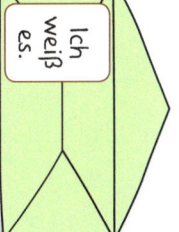

6 Rechne und male.

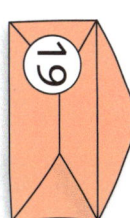 19

| 6 + 6 + 7 | 9 + 9 + 2 | 5 + 8 + 5 | 8 + 8 + 4 |
| 9 + 0 + 9 | 7 + 6 + 7 | 6 + 8 + 4 | 7 + 7 + 6 |

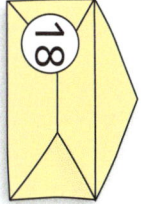 18

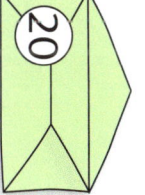 20

| 8 + 9 + 2 |
| 4 + 8 + 6 |

8 + 7

Spielregeln
- Jeder Spieler hat einen Umschlag.
- Aufgabenkarten liegen verdeckt auf dem Tisch.
- Jeder zieht eine Karte.
- Passende Karten kommen in den Umschlag. Die anderen werden verdeckt zurückgelegt.
- Sieger ist, wer zuerst 6 Karten in seinem Umschlag hat.

Arbeitsheft S. 63

115

5 Unterschiedliche Zuordnungen sind möglich; Kinder sollten ihre Entscheidung begründen 7 Briefumschläge mit Ergebniszahlen und passende Aufgabenkarten können für weitere Übungen in Einzel- und Partnerarbeit genutzt werden

Übungen zur Addition und Subtraktion (II)

1

Anzahl der Kinder	1	2	4	6			9
	2	6		10		14	16

2
7 + 7 = ___   8 + 8 = ___   12 − 6 = ___   16 − 8 = ___
7 + 8 = ___   8 + 7 = ___   12 − 7 = ___   16 − 7 = ___
7 + 9 = ___   8 + 6 = ___   12 − 8 = ___   16 − 9 = ___

3
10 + 3 = ___   10 + 4 = ___   8 + ___ = 10   15 + ___ = 20
10 + 5 = ___   10 + 6 = ___   6 + ___ = 10   17 + ___ = 20
10 + 7 = ___   10 + 8 = ___   4 + ___ = 10   13 + ___ = 20

4 Wie rechnest du?

Manche weiß ich.

9 + 5 = ___   12 − 6 = ___
8 + 5 = ___   15 − 7 = ___
7 + 7 = ___   15 − 9 = ___
7 + 8 = ___   16 − 8 = ___

5 Was fällt dir auf? Rechne weiter.

6 + 5 = ___	13 + 5 = ___	15 − 6 = ___
7 + 6 = ___	14 + ___ = ___	16 − ___ = ___
8 + 7 = ___	___ + 3 = ___	___ − 8 = ___
9 + ___ = ___	___ + ___ = ___	___ − ___ = ___

1 Lösen durch Nutzen des Verdoppelns/Halbierens 4 Wahl der Strategie erklären und begründen; unterschiedliche Vorgehensweisen besprechen 5 Bildungsprinzip der Aufgabenreihen erkennen und weitere Aufgaben ergänzen

6 Bilde die Aufgabenfamilien.

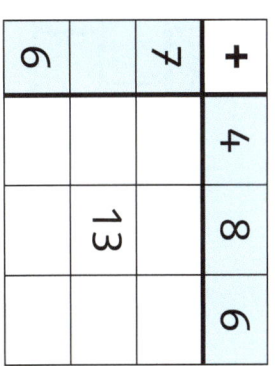

8 + 6 = ___
6 + 8 = ___
14 − 6 = ___
14 − 8 = ___

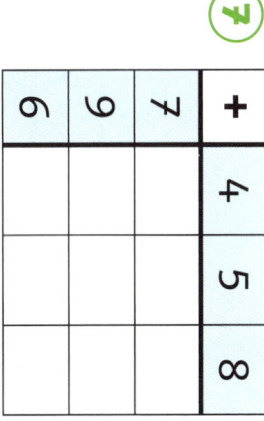

11 + 5 = ___
___ + ___ = ___
16 − ___ = ___
16 − ___ = ___

___
___
___
___

7

+	4	5	8
7			
9			
6			

+	7	9	6
5			
8			
10			

−	7	5	8
17			
13			
15			

8

+	4	8	6
7		13	
6			

+	5	4	
13			
15		20	
14			

−	4	7	
15			
6			
		10	

9 Rechne geschickt. Erkläre, wie du rechnest.

[6] + [8] + [4]

[6] + [4] + [8]

6 + 4 ist leicht!

7 + 4 + 3 = ___   8 + 9 + 1 = ___   3 + 9 + 7 = ___
9 + 6 + 4 = ___   9 + 8 + 2 = ___   7 + 4 + 6 = ___
2 + 7 + 8 = ___   5 + 7 + 5 = ___   9 + 8 + 1 = ___

7 und 8 Nutzen von Nachbaraufgaben thematisieren **9** vorteilhaftes Rechnen anwenden und begründen, bei Bedarf Zahlenkarten nutzen

Zahlenmauern

1

2

3 Was fällt dir auf?

4 Rechne, vergleiche und beschreibe.

5

4 Aufgaben bei Bedarf mit Zahlenkarten probierend lösen 5 Zahlen der Basissteine in beiden Zahlenmauern vergleichen und Auswirkungen der Veränderung auf die jeweilige Zielzahl vermuten, begründen und prüfen; eigene Zahlenmauern erfinden und notieren

Ungleichungen

1

Ich habe insgesamt weniger als 7 Plättchen.

Wie viele Plättchen können in der anderen Hand sein?

3 + ___ < 7

2

In der anderen Hand können ... Plättchen sein.

3 + _3_ < 7, denn 3 + _6_ ist kleiner als 7.
3 + ___ < 7, denn ___ ist kleiner als 7.
3 + ___ < 7, denn ___ ist kleiner als 7.
3 + ___ < 7, denn ___ ist kleiner als 7.

Welche Zahlen passen? 10 > 6 + ___

10 > 6 + _3_ , denn 10 ist größer als _9_ .
10 > 6 + ___ , denn 10 ist größer als ___ .
10 > 6 + ___ , denn 10 ist größer als ___ .
10 > 6 + ___ , denn 10 ist größer als ___ .

3 Trage passende Zahlen ein.

5 + ___ < 9   8 + ___ < 13   12 > 7 + ___
5 + ___ < 9   8 + ___ < 13   12 > 7 + ___
5 + ___ < 9   8 + ___ < 13   12 > 7 + ___
5 + ___ < 9   8 + ___ < 13   12 > 7 + ___

---

1 Situation nachspielen, gemeinsam alle Lösungen finden
2 und 3 Bei Bedarf Zahlenkarten verwenden und Lösungen ausprobieren

Sachrechnen und Kombinatorik

1)

2) An der Rutsche stehen ___ Kinder.
Auf der Wiese sind ___ Kinder.
Zusammen sind das ___ Kinder.

3) Wie viele Kinder sind im Wasser? ___
Wie viele Kinder sind nicht im Wasser? ___
Wie viele Kinder sind insgesamt im Schwimmbad? ___
Zusammen sind das ___ Kinder.

4) ___ Kinder sind im Wasser. Davon können 4 Kinder noch nicht schwimmen.
Frage: _____?
Antwort: _____.

5) Erfindet und löst eigene Aufgaben zum Bild.

Sachzusammenhänge erkennen; fehlende Informationen aus dem Bild ermitteln; Rechnungen finden und aufschreiben; Antwortsatz ergänzen

Preise
Saft 2 €
Brezel 1 €
Wurst 3 €

NEU: Super-Lollis: je 1 €

6 Nina kauft 3 Würste und 1 Flasche Saft. Wie viel kostet das?

7 Simon kauft 1 Wurst, 4 Brezeln und 3 Lollis. Wie viel kostet das?

8 Ali kauft 3 Flaschen Saft. Wie viel Geld bekommt er zurück?

9 Lara hat 10 €. Wie viele Flaschen Saft kann sie kaufen?

10 Papa hat 15 € bezahlt. Was kann er gekauft haben?

11 Wie viel Geld hat Nina zu Hause in der Spardose?

12 Erfindet eigene Aufgaben zum Kiosk. Schreibt sie auf Karten. Macht daraus eine Aufgabensammlung für eure Klasse.

13 Lara darf sich 2 Lollis kaufen. Welche Möglichkeiten hat sie? Male an.

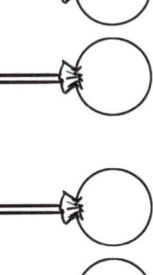

---

6 bis 11 Sachaufgaben mithilfe der Informationen im Bild lösen; die nicht lösbare Aufgabe erkennen und begründen, warum sie nicht lösbar ist
12 Alternativ können die Aufgaben auch in einem digitalen Dokument festgehalten werden.
13 Bei Bedarf mit Material arbeiten und systematisch probieren

Arbeitsheft S. 66

121

Wiederholung

1 Rechne und male.

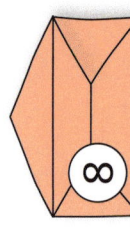 (8)

| 14 + 6 | 16 – 8 | 20 – 6 | 10 + 10 | 12 – 4 | 18 – 4 |
| 7 + 7 | 5 + 15 | 5 + 3 | 17 – 3 | 21 – 1 | 14 – 6 |

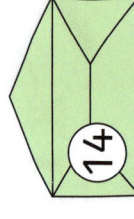 (14)   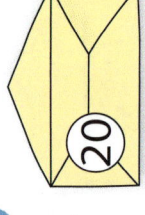 (20)

2

10 + 4 = ___   17 – 7 = ___   13 + 6 = ___   18 – 6 = ___

7 + 5 = ___   11 – 4 = ___   3 + 8 = ___   12 – 5 = ___

9 + 10 = ___   17 – 10 = ___   7 + 12 = ___   20 – 4 = ___

3

+	4	7	6
8			
5			

+	8	6	9
7			
10			

–	4	8	10
15			
17			

4 Trage passende Zahlen ein.

6 + ___ < 10   9 + ___ < 12   11 > 7 + ___

6 + ___ < 10   9 + ___ < 12   11 > 7 + ___

6 + ___ < 10   9 + ___ < 12   11 > 7 + ___ ✗

5 Rechne. Welche Aufgaben sind noch schwer für dich? ☐ ☐ ☐

8 + 8 = ___   12 + 7 = ___   10 – 5 = ___

6 + 9 = ___   15 + 5 = ___   12 – 7 = ___

4 + 10 = ___   6 + 13 = ___   18 – 9 = ___

6 Nina hat 11 €. Oma schenkt ihr 5 €.
Nina kauft ein Buch für 7 €.
Sie hat dann noch ___ €.

Knobelseite: Magische Dreiecke

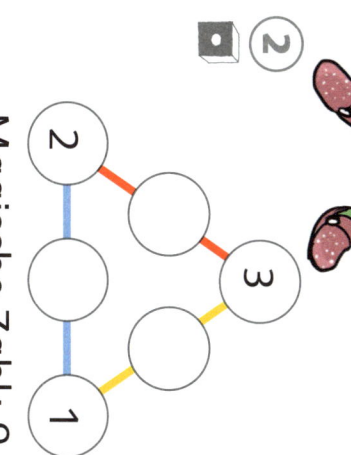

"Immer 10!"

Magische Zahl: 10

3 + 2 + 5 = 10
5 + __ + 1 = 10
3 + __ + 1 = 10

①

②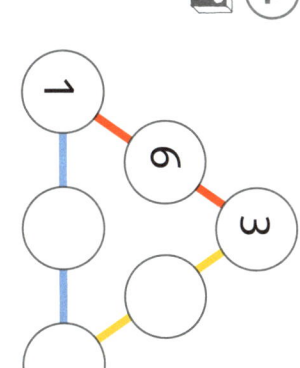

Magische Zahl: 9

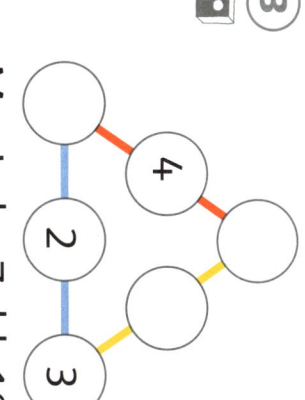

Magische Zahl: 11

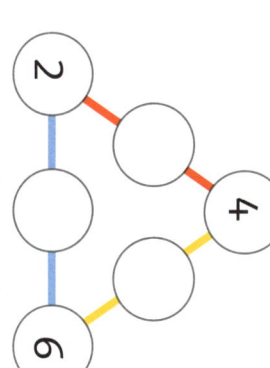

Magische Zahl: 12

③

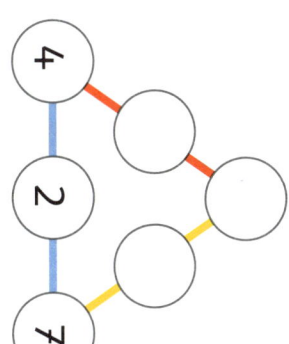

Magische Zahl: 10

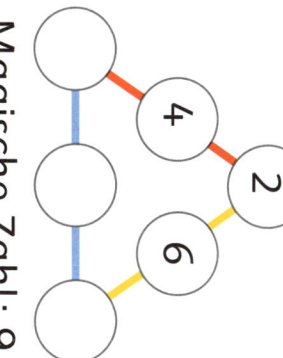

Magische Zahl: 9

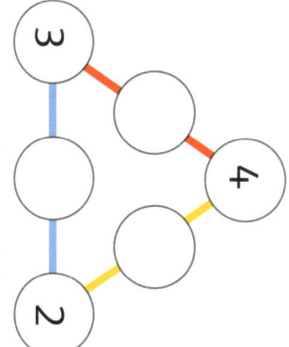

Magische Zahl: 13

④

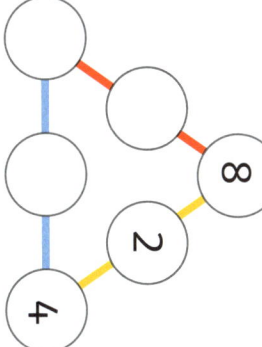

Magische Zahl: ___

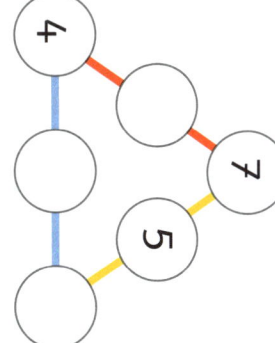

Magische Zahl: ___

Magische Zahl: ___

1 An der Tafel mit Zahlenkarten von 1 bis 9 handelnd und probierend arbeiten
2 bis 4 Zahlenkarten zum Lösen von Magischen Dreiecken nutzen; eigene „Magische Dreiecke" erfinden und notieren

123

Zeit und Kalender

Tagesablauf und Uhrzeiten

①

 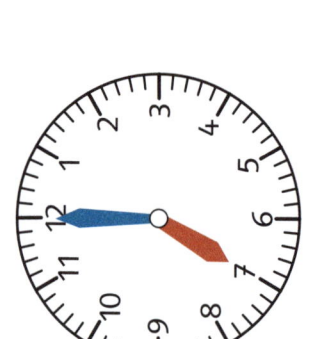 

_3_ Uhr ___ Uhr ___ Uhr

___ Uhr ___ Uhr

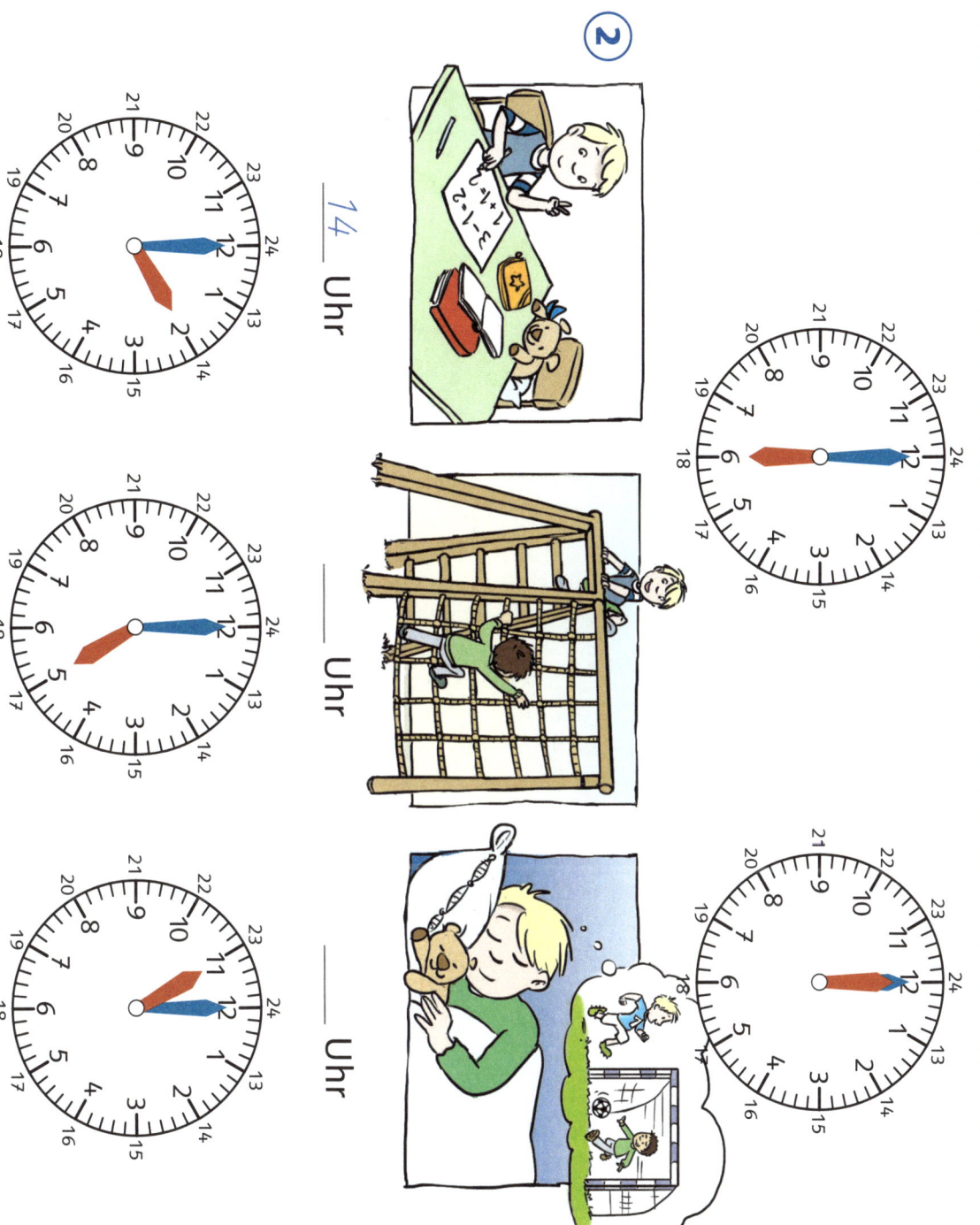

Wochentage

1 Ali hat einen Wochenkalender.

Montag	Dienstag	Mittwoch	Donnerstag	Freitag	Samstag	Sonntag
Fußball	Mathe-Test	Oma kommt	Nina wird 7	Flöten	Besuch im Zoo	Mini-Golf

Ali spielt am _____ Fußball.

Er schreibt am _____ einen Mathe-Test.

Seine Oma kommt am _____ .

Nina hat am _____ Geburtstag.

2 Erstelle dir einen Wochenkalender. Trage Wichtiges ein.

> Eine Woche hat 7 Tage.
> Montag, Dienstag, Mittwoch, Donnerstag, Freitag, Samstag, Sonntag

3

Heute ist ...

Gestern war ...

Morgen ist ...

Vorgestern war ...

4 Stellt euch ähnliche Aufgaben.

126 AH S.69

1 Wochentage und ihre Abfolge kennen lernen und anwenden
2 z. B. Klassen-Großkalender oder einen digitalen Kalender für Hausaufgaben erstellen
3 Zeitangaben: gestern, heute, morgen (vorgestern, übermorgen) von unterschiedlichen Wochentagen ausgehend üben

Jahreszeiten und Monate

1

- November — Monat ___
- Oktober — Monat ___
- September — Monat ___
- August — Monat ___
- Juli — Monat ___
- Dezember — Monat ___
- Januar — Der 7. Monat des Jahres
- Februar — Monat ___
- März — Monat ___
- April — Monat ___
- Mai — Monat ___
- Juni — Monat ___

(Jahreszeiten: Herbst, Winter, Frühling, Sommer)

2 Ergänze.

Das neue Jahr beginnt mit dem Monat _____.

Der 10. Monat im Jahr ist der _____.

Auf Juni folgt der Monat _____.

Zwischen März und Mai liegt der Monat _____.

3  Stellt euch Fragen zu den Monaten.

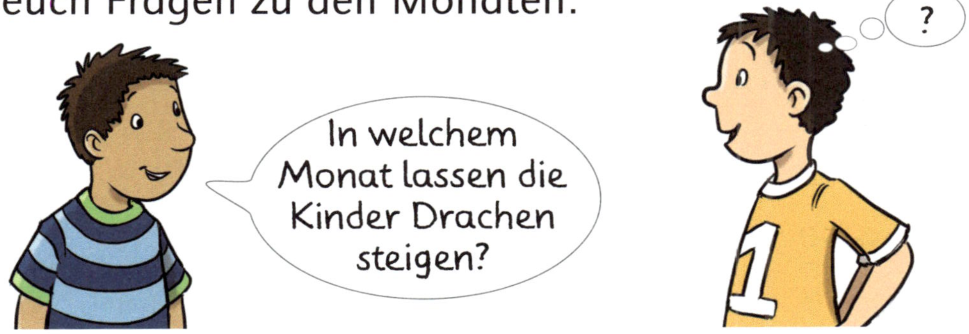

„In welchem Monat lassen die Kinder Drachen steigen?"

---

1 Abfolge der Jahreszeiten verbalisieren, Reihenfolge der Monate kennen und Monate den Jahreszeiten zuordnen
3 Besprechen, dass einzelne Monate zu zwei Jahreszeiten gehören

Projekt: Daten erheben und darstellen

Unsere Geburtstage

Monat	J	F	M	A	M	J	J	A	S	O	N	D
Kinder	I	II		III	IIII		IIII I	III	II		II	
Anzahl	1											

Wir singen ein Geburtstagslied.

Januar, August, Juli, April, September, Oktober, Dezember, Mai, Februar, November, Juni

1

2 Schreibe die Anzahlen in die Tabelle.

3 Ergänze die folgenden Sätze.

Im Monat _____ hat kein Kind Geburtstag.

In der Klasse sind _____ Kinder.

Im Monat _____ haben 5 Kinder Geburtstag.

128

1 Einstiegssituation besprechen, Tabelle mit Strichliste/Anzahl klären; Besonderheit des Eintrags im Monat Oktober beachten

④

In einem Monat hat kein Kind Geburtstag.

Ergänze das Schaubild.

Schaubild zu den Geburtstagen

	J	F	M	A	M	J	J	A	S	O	N	D
6												
5												
4												
3												
2		X										
1	X	X										

⑤ Im Monat _____ haben die meisten Kinder Geburtstag.

⑥ Wann haben mehr Kinder Geburtstag? Von Januar bis Juni ☐ Von Juli bis Dezember ☐

⑦ Singt ein Geburtstagslied in eurer Klasse. Zeichnet eine Tabelle mit Strichlisten und Anzahlen für eure Geburtstage. Zeichnet das Schaubild.

⑧ Legt für eure Klasse einen Geburtstagskalender an.

4 Schaubilder auf der handelnden und dann auf der bildhaften Ebene erstellen
7 Das Projekt auf die eigene Klassensituation übertragen (Strichliste → Tabelle mit Anzahlen → Schaubild)
8 Dafür kann auch ein digitales Programm verwendet werden

AH S. 70   LSH S. 15, 19

129

Der Zahlenraum bis 100

Zehnerzahlen in der Umwelt

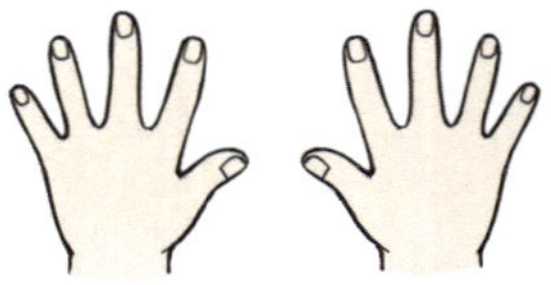

10

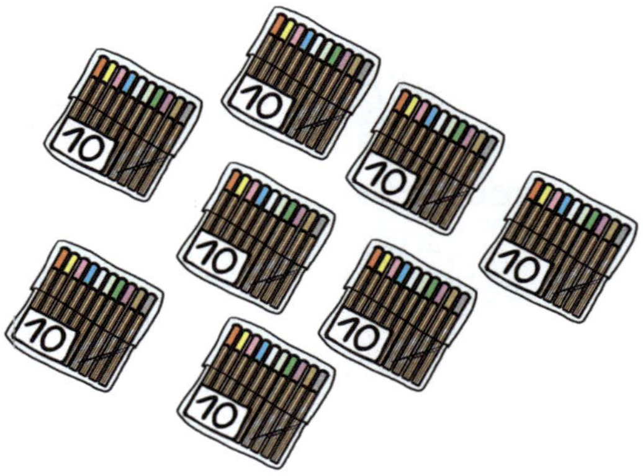

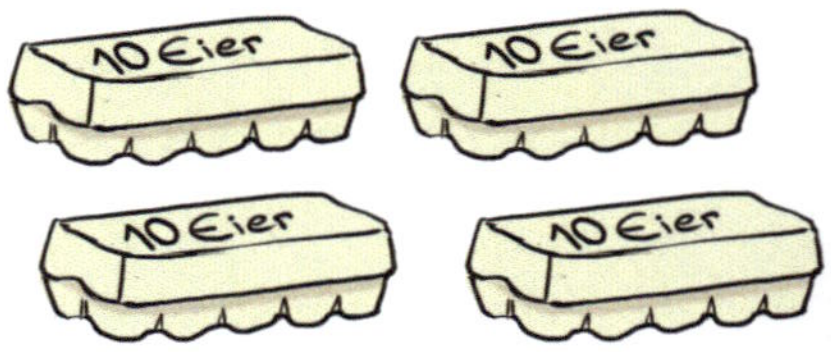

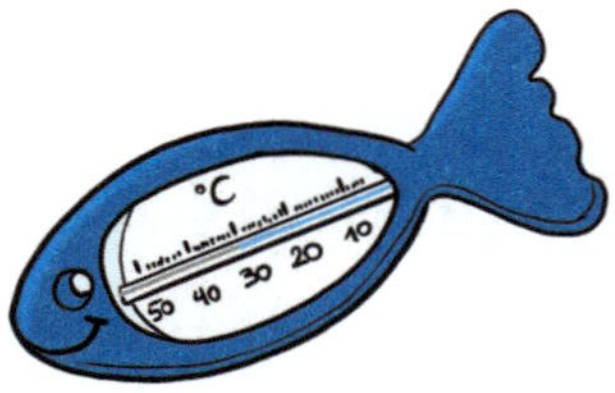

Zu den Bildern passende Zehnerzahlen eintragen; weitere Beispiele zu Zehnerzahlen in der Umwelt suchen und Fotos davon machen; die verschiedenen Zahlaspekte auf der Seite thematisieren: Zahlen als Anzahlen und als Maßzahlen bei Größen

130

Zehnerzahlen erkennen, vergleichen und ordnen

1 Wie viele sind es? Kreise immer 10 ein.

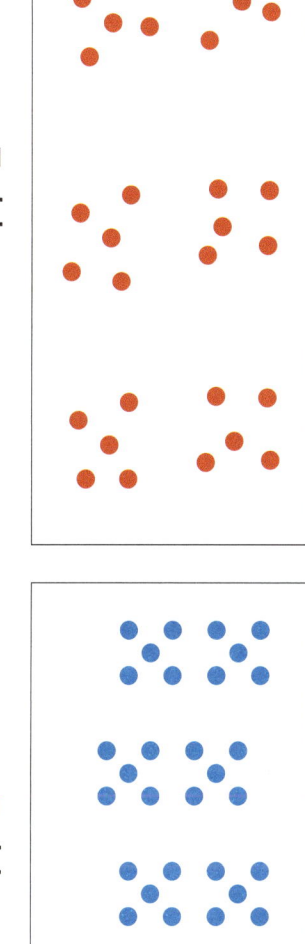

Zahl _____

Zahl _____

2 Lege und vergleiche.

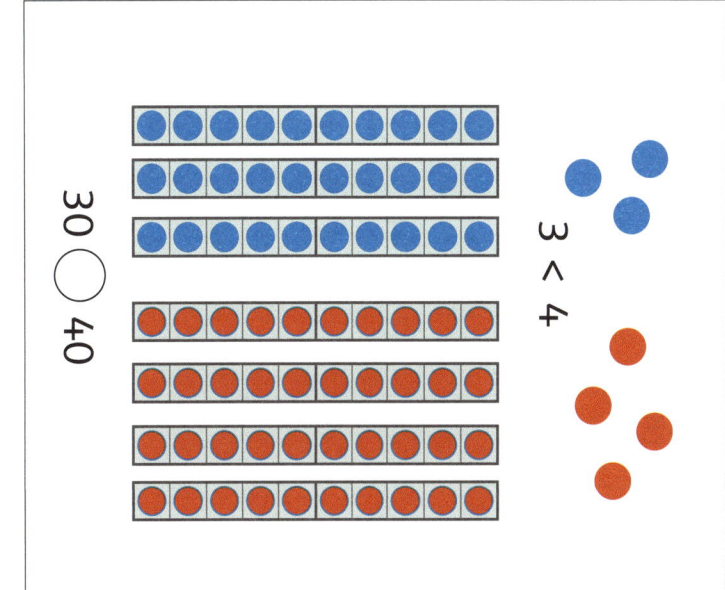

30 ◯ 40

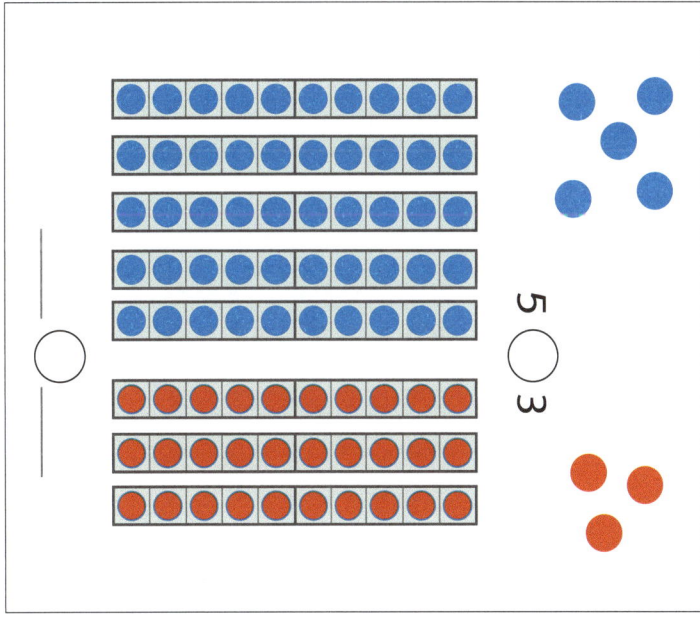

5 ◯ 3

3
2 ◯ 4   6 ◯ 8   9 ◯ 7   5 ◯ 10
20 ◯ 40   60 ◯ 80   90 ◯ 70   50 ◯ 100

4 Trage die Zehnerzahlen ein.

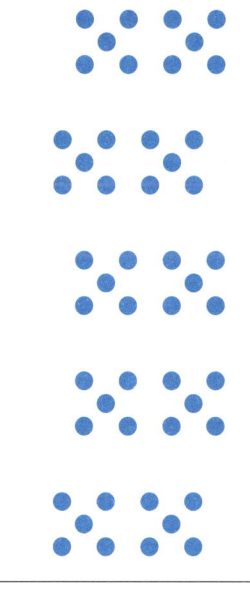

Erste Analogien zwischen Zehnerraum und Zehnerzahlen im Hunderterraum entdecken – beim Vergleichen von Zehnern und beim Eintragen der Zehner am Zahlenstrahl

131

Rechnen mit Zehnerzahlen

1 Wie viele Punkte hat jeder erreicht? Wer hat gewonnen?

_____ Punkte

_____ Punkte

_____ Punkte

2 Legt und rechnet.

3 + 2 =   4 + 3 =
30 + 20 =   40 + 30 =

5 + 4 =   6 + 2 =
50 + 40 =   60 + 20 =

3 Legt und rechnet.

4 − 2 =   6 − 3 =
40 − 20 =   60 − 30 =

8 − 5 =   9 − 2 =
80 − 50 =   90 − 20 =

4
10 + 10 =   50 + 50 =   80 − 60 =
40 + 40 =   70 + 30 =   90 − 10 =

Analogien aus dem Zahlenraum bis 10 für das Addieren und Subtrahieren von Zehnerzahlen nutzen; alle Aufgaben können mit Plättchen und Zehnerstreifen gelegt werden

Die Zahlen bis 100

① Wie viele Punkte sind es?

Zahl _____   Zahl _____   Zahl _____

② Welche Zahlen gehören in die farbigen Kästchen?

1	2	3	4	5	6	7	8	9	10
11				15					20
21				25					30
31			35						40
41			45						50
51		55							60
61		65							70
71	75								80
81	85								90
91				95					100

zehn, zwanzig, dreißig, vierzig, fünfzig, sechzig, siebzig, achtzig, neunzig, einhundert

③ Nehmt eine Hundertertafel.
Würfelt mit zwei Zahlenwürfeln und bildet Zahlen. Färbt die Felder und tragt die Zahlen ein.

Anordnung der Zahlen in der Hundertertafel untersuchen: Von links nach rechts werden die Zahlen um 1 größer, von oben nach unten werden die Zahlen um 10 größer; Zahlen mit gleichem Einer stehen untereinander

Arbeitsheft S. 71

133

Merkwissen/Wortspeicher

Die Zahlen bis 20

Der Zahlenstrahl

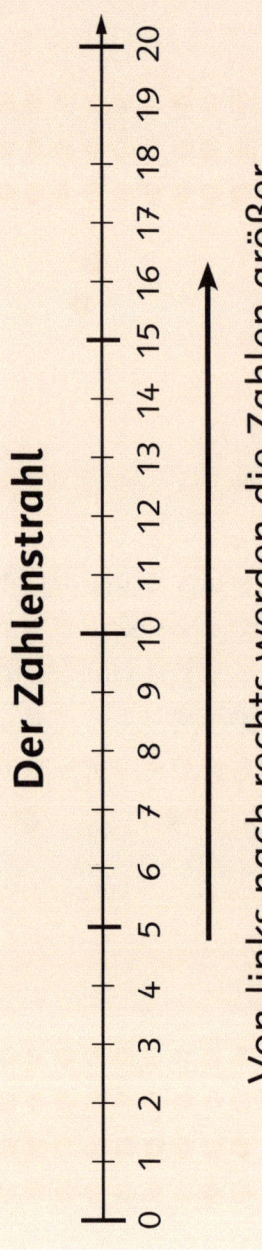

Von links nach rechts werden die Zahlen größer.

Zahlen vergleichen

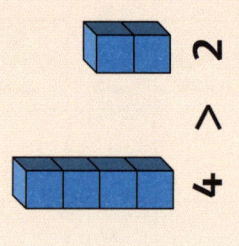

2 < 4
2 ist kleiner als 4

4 = 4
4 ist gleich 4

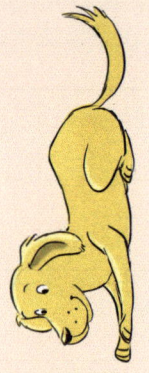

4 > 2
4 ist größer als 2

Gerade und ungerade Zahlen

gerade Zahlen: 0, 2, 4, 6, 8, 10, 12, …

ungerade Zahlen: 1, 3, 5, 7, 9, 11, …

Plusaufgaben

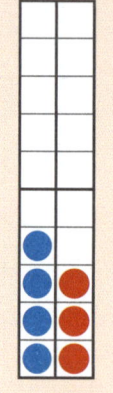 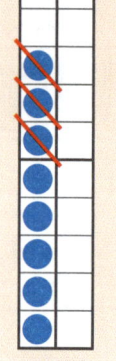

4 + 3 = 7
4 plus 3 ist gleich 7

Minusaufgaben

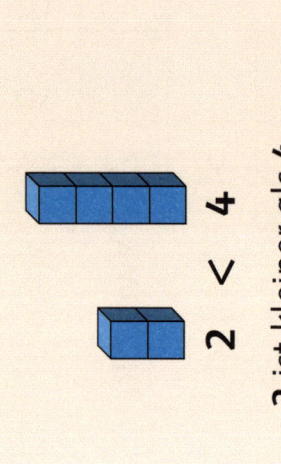 

8 − 3 = 5
8 minus 3 ist gleich 5

Tauschaufgaben

Aufgabe: **3** + **6** = 9

Tauschaufgabe: **6** + **3** = 9

Ich tausche. Das Ergebnis bleibt gleich.

Rechenwege bei Plusaufgaben

7 + 4: Zur 10 und dann weiter.

3 + 8: Die Tauschaufgabe kann mir helfen.

5 + 6: Ich nutze das Verdoppeln.

5 + 9: Bei Aufgaben mit 9 nutze ich die 10.

15 + 3: Ich nutze die kleine Aufgabe.

Rechenwege bei Minusaufgaben

12 − 4: Zur 10 und dann weiter.

12 − 6: Ich nutze das Halbieren.

15 − 3: Ich nutze die kleine Aufgabe.

16 − 9: Bei Aufgaben mit 9 nutze ich die 10.

Lagebeziehung

oben unten links rechts

Körper

Würfel Quader Zylinder Kugel

Ebene Figuren

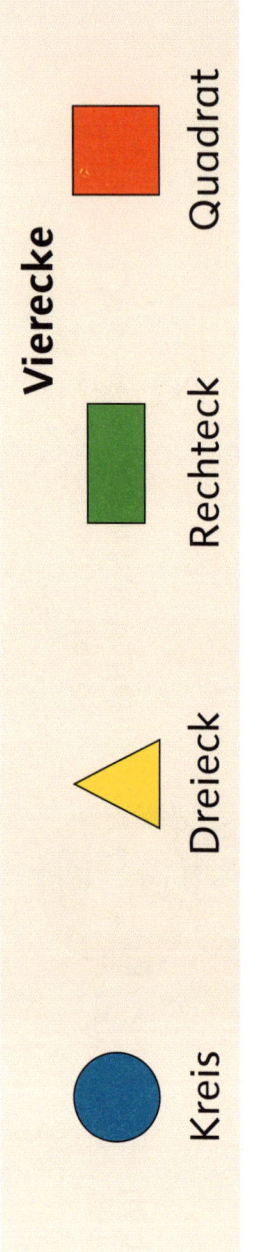

Kreis Dreieck

Vierecke

Rechteck Quadrat

Geld

1 € = 100 ct

Wochentage

Eine Woche hat 7 Tage.
Montag, Dienstag, Mittwoch,
Donnerstag, Freitag, Samstag, Sonntag